PAUL BOWLES, EL RECLUSO DE TÁNGER

EL VIAJE DE LAS VOCES

MOHAMED CHUKRI

PAUL BOWLES, EL RECLUSO DE TÁNGER

EL VIAJE DE LAS VOCES

PRÓLOGO
JUAN GOYTISOLO

TRADUCCIÓN DEL ÁRABE
RAJAE BOUMEDIANE EL METNI

CABARET VOLTAIRE
2017

PRIMERA EDICIÓN *mayo* 2012
TERCERA EDICIÓN *octubre* 2017
TÍTULO ORIGINAL *Paul Bowles wa 'uzlatu tanya*

Publicado por
EDITORIAL CABARET VOLTAIRE S.L.
info@cabaretvoltaire.es
www.cabaretvoltaire.es

©herederos de Mohamed Chukri, 1996
©del prólogo, 2012 Juan Goytisolo
©de la traducción, 2012 Rajae Boumediane El Metni
©de esta edición, 2012 Editorial Cabaret Voltaire SL

ISBN-13: 978-84-938689-8-7
DEPÓSITO LEGAL: B. 15.548 - 2012
Printed in Spain

Dirección y Diseño de la Colección
MIGUEL LÁZARO GARCÍA
JOSÉ MIGUEL POMARES VALDIVIA

Corrección
DELFÍN GÓMEZ MARCOS

«Esta obra ha recibido una ayuda a la edición
del Ministerio de Educación, Cultura y Deporte.»

FOTOGRAFÍAS
Cubierta: Paul Bowles, 1949 ©herederos de Karl Bissinger
Guarda: retrato de Mohamed Chukri ©Rachid Ouettassi

Bajo las sanciones establecidas por las leyes,
quedan rigurosamente prohibidas, sin la autorización
por escrito de los titulares del copyright, la reproducción total
o parcial de esta obra por cualquier medio o procedimiento mecánico o
electrónico, actual o futuro -incluyendo las fotocopias y la difusión
a través de Internet- y la distribución de ejemplares de esta
edición mediante alquiler o préstamo públicos.

PRÓLOGO

Juan Goytisolo

«Todo aquel que llega a Tánger quiere ser su rey Shariar y convertir a la ciudad en su Sherezade», escribe Mohamed Chukri en su obra inédita hasta ahora en castellano *Paul Bowles, el recluso de Tánger*, traducida por Rajae Boumediane El Metni. La frase es certera y resume bien la percepción de numerosos escritores extranjeros, especialmente anglosajones, fascinados por la ciudad del Estrecho en el período de esplendor de su Estatuto internacional, de 1912 hasta la independencia de Marruecos y el final abrupto del Protectorado francés y español.

Dicha fascinación es muy antigua y se extiende de las páginas tangerinas del cónsul inglés Samuel Pepys (1633-1703) en su extraordinario *Diario* a las vicisitudes del rico aventurero Walter Harris, rehén involuntario pero consentido de las huestes guerreras del cabecilla de la Xebala Al Raisuni alzado contra la autoridad del sultán, sin olvidar la estancia pasajera en Tánger de autoras como Virginia Woolf y Katherine Mansfield de las que dan testimonio los relatos *La habitación de Jacob* y *Baños turcos* de la segunda, así como las anotaciones apresuradas de sus respectivos diarios.

La instalación de Paul Bowles y de su esposa Jane en el microcosmos tangerino en 1947 —una pareja insólita incluso para la abierta sociedad de la época— atrajo como un imán a una pléyade de escritores estadounidenses a los que el joven Chukri tuvo ocasión de aproximarse y, a veces, de frecuentar. Truman Capote, Allen Ginsberg, Jack Kerouac, Gore Vidal, Tennessee Williams, pasaron temporadas en Tánger antes de levantar el vuelo y abandonarla para siempre, no sin dejar tras ellos un buen puñado de chismes y anécdotas. Otro, William Burroughs, concibió en ella su espléndido *Almuerzo desnudo* no obstante el paranoico recelo y hostilidad que le inspiraban los marroquíes, una obsesión que le inducía a salir siempre armado con un revólver o una navaja disimulados en el forro del habitual impermeable con el que le divisé años después en el cruce de la calle 8 y de Washington Square Place, a la salida de mis cursos de la NYU.

El común denominador de todos, como apunta Chukri, era su amor abstracto a la ciudad y el desprecio a sus habitantes. El mito del Tánger internacional, de dinero fácil, hoteles y bares elegantes y cosmopolita libertad de costumbres, prescindía de la existencia de sus moradores, en su mayoría pobres y sin trabajo, que procuraban ganarse la vida como podían, mediante la prostitución, el chalaneo y la mendicidad. El Tánger que Bowles y sus compatriotas evocaban era el del paraíso perdido, el del mito creado por ellos y para ellos, no para quienes, como Chukri, habían crecido y vivido en la miseria magistralmente descrita en *El pan a secas* (la antigua traducción española de *El pan desnudo* no significa cosa en nuestra lengua). Testigo cercano a sus vidas, Chukri traza también en su libro retratos a veces amistosos como los de Jane Bowles, Édouard Roditi y del músico Brion Gysin. De éste, el único del grupo que dominaba el árabe dialectal de Marruecos «porque sus relaciones con los marroquíes fueron más amistosas y cálidas que las de Bowles», y que adaptó al grupo musical Jajouka y dio a conocer su obra en Europa y Norteamérica, comenta que fue la excepción a los subyugados por un mito que, años más tarde, le provocaba no sólo hartazgo sino bilis. El retrato de Édouard Roditi, el singular autor políglota y transnacional que tradujo a mi admirado poeta turco Yunus Emre (1240-1321) es más cariñoso. Solitario y a la vez extrovertido, mitificaba su vida errante con extraordinarias aventuras sexuales. La única vez que le vi, cuando se acercó a saludarme en el hoy desaparecido Café Matech de la plaza de Marrakech, se apresuró a revelarme, como a Chukri, y sin que viniera a cuento, que se había acostado una vez en París con Federico García Lorca. De Jane, la esposa de Bowles, a quien Chukri no llegó a conocer en persona, a causa de su enfermedad y hospitalización en Málaga, en donde falleció y está enterrada, sino a través de las opiniones contrastadas de Bowles y de otros que la conocieron íntimamente, nos dice: «No tenía ninguna piedad hacia sí misma. Rechazaba a todo aquel que le ofrecía su amor, y corría detrás de quien se lo negaba. Es cierto que se sentía culpable, como la mayoría de los inconformistas que se rebelaban en aquel entonces contra el puritanismo de sus familias», para concluir que la autora de *Dos damas muy serias*, «fue una mártir de la literatura, porque no quiso hacer de ella un comercio a pesar de que sus necesidades la llevaron en ocasiones a rozar la pobreza».

Cuando desembarqué por primera vez en Tánger, en otoño de 1965, su mito se había desvanecido. Conocía de oídas a Paul Bowles, pero no sus libros. Tampoco me habría interesado entonces por él o por ellos, inmerso como estaba en mi proyecto vengador de reivindicar la figura del traidor Don Julián y su «destrucción de la España sagrada». Tal vez me crucé con Chukri en mi obsesiva domesticación del espacio de la medina o en mis visitas nocturnas al Carroussel, Le Monocle, Au Trou du Mur o al Negresco. Los hispano-tangerinos habían desertado también del escenario de sus sueños rotos. Algunos lo describirían más tarde con talento, como Ramón Buenaventura, o se contentarían con ser sus cronistas verbales como el «amigo de gente importante» Emilio Sanz de Soto. El más humilde y original de todos, Ángel Vázquez, autor de *La vida perra de Juanita Narboni*, había atravesado también el Estrecho para proseguir en la península su vida frustrada de escritor alcohólico y marginal. Fue mucho más tarde, hacia 1980, cuando había cambiado mi querencia tangerina por Marrakech, que llegó a mis manos la versión francesa de la autobiografía de Chukri traducida por Tahar Ben Jelloun. Nos vimos desde entonces, durante mis espaciadas visitas a su ciudad a lo largo de casi cuatro décadas, en el bar del Ritz (¡que no tenía nada que ver con la prestigiosa empresa hotelera!), en El Dorado o en la terraza del Café Roxy, en cuyos altillos se amadrigó durante largo tiempo antes de trasladarse a un pisito modesto en un edificio también cercano al Liceo Regnault. La última vez que lo vi en el Ritz me comentó con serenidad que le quedaban sólo unas semanas de vida a causa del cáncer de pulmón que acabaría finalmente con él dentro del plazo fijado. Bowles había fallecido ya años antes y su nombre nunca apareció en nuestras conversaciones.

El retrato del novelista norteamericano trazado en las páginas de *Paul Bowles, el recluso de Tánger* no es precisamente cordial. Chukri nos señala más de una vez su nostalgia de la «encantadora corrupción» que reinaba en los años del Estatuto internacional evocada en las cartas y confidencias a sus compatriotas, así como sus referencias, conforme se adentraba en la vejez, a la dificultad de «vivir en un país musulmán si no lo eres». El libro subraya también su paranoia, similar a la de Burroughs, respecto a los marroquíes («ve espías por todas partes y ladrones que quieren arrebatarle el dinero»), y en determinados pasajes la crítica de la persona, no de la literatura de Bowles, roza el ajuste de cuentas:

«Paul es muy tacaño. Está en su derecho de serlo, pero no de percibir anualmente los derechos de autor de mis libros traducidos por él. Exceptuando los magros anticipos que recibí a la hora de firmar el contrato, nunca he cobrado un centavo. Además, sólo por la traducción, él se lleva el 50% de los derechos de autor».

Lo más interesante del relato se centra en las páginas en las que Chukri refiere su iniciación en la escritura, cuando en los altillos del Café Roxy, y sirviéndose de su memoria de antiguo analfabeto, componía su hoy célebre autobiografía hasta que el hambre y el alcohol frenaban su pluma:

«Todos los días redactaba algunas páginas, y por la tarde se las entregaba a Bowles. Actuábamos de la siguiente manera: yo le dictaba el texto en español, frase por frase, y él traducía al inglés. Hubo quien dijo que yo había utilizado el dialecto marroquí. Es falso. Yo no domino el arte de contar en dialectal. Hasta los narradores orales más hábiles, como Ahmed Yacoubi, Abdeslam Boulaich, Mohamed Mrabet y Driss ben Ahmed Charhadi, utilizaron también con Bowles lo que sabían de la lengua española para la adaptación de sus narraciones al inglés».

La labor de intérprete y traductor de Bowles se extiende como sabemos a otros autores marroquíes como Driss ben Ahmed Charhadi (*Una vida llena de agujeros*) y a su amigo a todas Mohamed Mrabet (*Amor por un puñado de pelos*), una novela muy lograda, para cuya primera edición española redacté una introducción. A ellos había que añadir los relatos de Abdeslam Boulaich y Ahmed Yacoubi que desdichadamente no conozco y que Bowles adaptó igualmente de la *darixa* y el castellano a su idioma. La oralidad apasionaba a Bowles tanto como a mí y la fragilidad del rico patrimonio oral marroquí le inquietaba igualmente:

«Las personas que me han hablado y contado sus historias, lo han hecho simplemente por placer. Era algo muy corriente. No hace mucho tiempo, cincuenta años o incluso menos, a la gente le gustaba contar y escuchar historias. Con la llegada de la televisión todo ha cambiado y ya nadie piensa en ellas. La televisión ha matado todo, casi todo. Ha matado la música y la tradición oral».

Bowles y Chukri —unidos por su pasión común por la literatura— encarnaban dos mundos opuestos: el del Tánger mitificado por sus visitantes y el del Tánger real. El del ensueño y la libertad, y el de las amargas cicatrices de la vida. El choque entre ambos era inevitable y el libro que a continuación presentamos da buena cuenta de él.

PAUL BOWLES, EL RECLUSO DE TÁNGER

EL VIAJE DE LAS VOCES

Si eres mi enemigo, te mataré por dinero;
si eres mi amigo, te mataré gratis.

(Proverbio del Zoco Chico citado por
Ira Cohen en un artículo sobre Paul Bowles
titulado «Mimbad Simbad».)

TÁNGER EL MITO, ¿POR QUÉ?[*]

Absurdo. Nada me parece más absurdo que esa nostalgia exagerada por el Tánger de antes y ese suspirar por su pasado como zona internacional. A lo largo de la historia de cada ciudad o de cada país, encontramos momentos de diferente importancia y belleza; como ocurre en la vida del hombre, cada etapa tiene su encanto. Aún se escucha decir que las maravillas de Tánger han desaparecido. Echar de menos el Tánger-mito se convierte en el colmo del absurdo cuando precisamente los que lo añoran nunca han vivido en él. Aquellos que combinan un mayor pesimismo y melancolía son los que acaban definiendo el Tánger-mito.

Tánger, ¿un mito? Cierto, es innegable, pero ¿para quién? Tánger, ¿un paraíso perdido? Sí, porque existen todavía testigos de su antigua prosperidad, pero ¿para quién? ¿El encanto irresistible e indomable de Tánger? No deja de ser cierto, pero, repito, ¿para quién?

[*] Notas al final del libro (página 199).

Son muchos los que han hablado o han escrito sobre la ciudad basándose únicamente en quimeras, en pasiones y placeres, en fantasías. Para todos ellos, así como para los que llegaron movidos por las ganas de descansar, o de olvidar sus desgracias, Tánger no resultó ser más que un burdel, una hermosa playa o un confortable sanatorio.

Sin embargo, la experiencia en Tánger de Paul Bowles y su mujer Jane Auer es bien diferente. Ellos cuentan con un pasado que les une a la ciudad, que justifica su amor por mi tierra y la nostalgia por su virginidad perdida. Es por lo que suenan ridículas todas esas lamentaciones; las más irrisorias se encuentran en los artículos y reportajes que desde siempre se han escrito y realizado sobre Tánger. En cuanto a los libros que se han publicado en su nombre, no pasan de ser meras postales de la ciudad. Cualquiera puede pasar aquí unas cuantas semanas y escribir un librito, vanagloriándose de saberlo todo sobre sus misterios, su geografía secreta, o su gloria de antaño, y sin que falte la enumeración de las celebridades que han vivido o simplemente han pasado por Tánger.

Son muchos los que, en busca de una fama gratuita, escriben de una manera perversa sobre Marruecos, banalizando así el oficio de la escritura. Su clientela son lectores apasionados de lo insólito, sedientos de exotismo, que creen a pies juntillas que «en el Tánger del siglo XX, la magia de *Las mil y una noches* está siempre dispuesta a resurgir». ¡Qué pena! ¡Lástima de esta pobre gente! Son de la misma calaña que esos turistas que, para simular que han estado en el Sáhara, se hacen una foto subidos a un camello desarraigado, trasladado a las playas de Tánger (o quizás hasta nacido en la arena de la misma playa tangerina). Son como los escritores de literatura barata, los que dicen que viajan, cuando tan sólo cambian su habitación de siempre en su país de origen por otra de algún hotel de Marruecos, y después presumen de haber visitado nuestro país. Acostumbran a comer en el hotel la misma comida que en su país de origen; sólo los más audaces se atreven a probar el cuscús y los pinchos morunos.

Más grave que la superficialidad de algunos escritos son el odio, el racismo y el desprecio con el que tratan algunos escritores al humilde pueblo tangerino. El libro *La pequeña historia de Tánger*[1], del periodista fascista Alberto España, refleja este tipo de escritura. A pesar de sus aportaciones históricas, sólo se ocupó de los gobiernos autóctonos y extranjeros, y de algunos miembros de la alta sociedad de Tánger, marroquíes sumisos ante la tiranía de la fuerza ocupante. *Memorias de un viejo tangerino*[2] de Isaac Laredo, maestro indiscutible de todos los periodistas de su época, queda como el mejor documento objetivo, histórico y sociológico escrito sobre Tánger.

«El turismo participa en la destrucción del mundo», dijo Paul Bowles. «Los turistas no dejan nada tras ellos, arrasan los países a su paso. Nosotros lo sabemos de primera mano, y es que nunca fue tan fácil viajar que con ese aparato que se denominó avión. Considero que es un invento espantoso.[3] Es ideal para el ganado. Es ideal para transportar corderos, vacas y cabras hasta el matadero. Con el avión puedes desplazarte de manera rápida, pero no viajar. Viajar supone mentalizarse para partir durante meses, y no sólo algunas contadas y simples horas. Los turistas se burlan de esta idea. No importa adónde vayan, lo que quieren es llegar lo antes posible e instalarse en un hotel. Es todo lo que piden. No vienen para descubrir un país, porque hoy en día la gente piensa única y exclusivamente en el factor tiempo. Se van de vacaciones tres o seis semanas, dependiendo de las posibilidades de cada uno. ¿De qué les vale? ¿No hubiera sido mejor para ellos haberse quedado en casa?» Paul Bowles desarrolló esta idea en boca de Port, personaje de *El cielo protector*,[4] a finales de los cuarenta: «La diferencia entre el turista y el viajero es que el primero acepta su propia cultura sin cuestionarla; no así el viajero, que la compara con las otras y rechaza los aspectos que desaprueba». A continuación, Bowles se compadece del ser humano que, sin ofrecer resistencia alguna, deja que el tiempo le estrangule, en lugar de ser él quien lo controle: «... mientras que el turista, por lo general, no tarda en regresar a su casa al cabo de semanas o meses, el viajero, siempre en condición de extranjero, se desplaza año tras año, y sucesivamente, a lo largo y ancho de la tierra». Pero Bowles sabe perfectamente que el verdadero viajero ha dejado de existir, y que el explorar otras culturas y civilizaciones se extinguió hacia los años veinte o treinta, para dar lugar a otro tipo de viaje, la visita placentera del turista. Las únicas personas que todavía salen de su país para aventurarse en otro son aquellas que llevan a cabo misiones científicas, literarias, periodísticas o artísticas.

Éste es el Tánger que siempre ha desafiado a los historiadores e investigadores que se afanaron en buscar su origen. Según cuenta la leyenda tangerina, la ciudad surgió del diluvio. Una paloma fue enviada para explorar tierra firme y, a su regreso, Noé gritó: «Tīn ŷā».[5] Poco después, el arca atracó en la meseta de Charf. En Tánger se cruzan historias y leyendas sobre su pasado, pero es una ciudad que nunca dará a conocer su eterno secreto, porque guarda su ilimitada memoria con un silencio enigmático, con un silencio embriagador y lleno de sabiduría. Milan Kundera pudo haberse referido a este enigma cuando afirmó que «la lucha del ser en la vida es la lucha del recuerdo contra el olvido».

Los que llegan hoy a Tánger en busca de repetir la experiencia que vivieron sus predecesores en la ciudad, o la de los que simplemente estuvieron de paso, no corren el riesgo de marcharse decepcionados. Se conforman con escuchar los ecos de las historias que narran lo que un día aquí aconteció, con conocer la ciudad en boca de otros, creyendo ser por un momento esos personajes del pasado de Tánger, aprovechándose del recuerdo de los que lo experimentaron realmente.

LA LLEGADA DE PAUL BOWLES
A TÁNGER

Tennessee Williams afirmó que «Paul Bowles es mucho más interesante que los lugares por los que pasa». En una carta dirigida a Alec France, Bowles escribió lo siguiente: «Nunca he tenido la sensación de conocer lo suficiente un lugar como para poder escribir sobre él».

Fue a principios de los años cincuenta cuando los precursores de la generación Beat llegaron en tropel a Tánger: William Burroughs, Allen Ginsberg (que volvió a Tánger por última vez en diciembre de 1993 para visitar a Bowles), Jack Kerouac (que visitó Tánger en 1957), y otros muchos. En los *beatniks* cristalizó el espíritu revolucionario de una generación americana deshecha tras la Segunda Guerra Mundial.

En cuanto a Paul Bowles, llevado por un impulso se afilió al partido comunista (de 1939 a 1940), del que acabaría saliendo tras largas discusiones. Según contó Virgil Thomson, «en 1939 lo que Paul quería era hacer teatro, pero le faltaba astucia y oportunismo, dos factores importantes para dedicarte a las artes escénicas. Además, en aquella época, para no verte excluido del partido comunista estabas obligado a ser estalinista, porque el comité del partido en Nueva York lo era». Sin embargo, brotó en él, quizás a raíz de la severa educación que recibió de sus padres, la pasión por viajar, algo que el escritor hizo desde su juventud y durante el resto de su vida.

Sus viajes impregnaron de exotismo muchos de los libros que acabó publicando. En casi todos encontramos algún viaje, ya sea largo o tan sólo de algunos días. Es por lo que Daniel Rondeau se refirió a él como a un escritor peripatético.

Bowles llegó a Tánger en compañía del músico Aaron Copland, alumno de Nadia Boulanger, y lo hizo en calidad de discípulo que sigue a su maestro. Tras una escala de dos días en Orán, los dos llegaron a Tánger el 8 de agosto de 1931, vía Ceuta y Tetuán. Aunque Alice Toklas aconsejó a Bowles que hiciera el viaje, fue Gertrude Stein[6] quien lo aprobó. Esta última, conocida por su carácter autoritario, solía hacer venir a París a sus amigos americanos, sobre todo a los artistas, incitándoles a que emprendieran la aventura.

Bowles jugó después el papel de Stein, pero en esta ocasión desde Tánger, cuando se instaló aquí definitivamente con su mujer Jane Auer en 1947. Llegó para pasar un verano, como otros muchos antes que él, para explorar las aventuras de las ideas y no para participar en las revoluciones, como fue el caso de Byron en Grecia, o de Malraux y Orwell en España, pero su estancia veraniega se prolongó hasta convertirse en una aventura sempiterna.

Cabe señalar que la mayoría de los artistas y creadores extranjeros desembarcaban en Tánger en verano y acababan abandonando la ciudad al cabo de un tiempo. Un encuentro, un flechazo o un matrimonio en un puerto, sin testigo alguno. Pero ¿qué fue lo que atrajo a Bowles de esta ciudad para que se haya quedado en ella tantos años? ¿Fue su clima? ¿Fue la sencillez de la vida en Tánger? ¿Fue el *majoun* caliente acompañado de té con hierbabuena? ¿Fue el kif, que en aquella época se vendía libremente en los estancos? ¿O fue su estatus de zona internacional, su libertad, el encanto de su leyenda y su exotismo? Bowles nunca ha llegado a explicar de manera precisa las razones que le hicieron instalarse definitivamente aquí, y ni siquiera preguntándole abiertamente he conseguido que revelase el secreto. Tan difícil es adivinarlo como intentar atrapar su propia sombra, porque, cuando le da por contestar, lo hace sirviéndose de la ironía: «Vine y me quedé. ¡Eso es todo!». Aun así, yo insisto:

—Pero ¿por qué se ha quedado toda la vida?

—¡Vaya! Porque sí. No eres el primero que me hace esta pregunta y, hoy por hoy, no tengo nada que perder si la contesto. En aquel tiempo (se refiere a la época que oscila entre los años treinta y la independencia de Marruecos en 1956) la vida era maravillosa. Sentado en la terraza del Café de Paris,[7] podías escuchar cantar las cigarras en los eucaliptos. Hoy día, sólo escucharás el ruido ensordecedor de los motores...

De esta manera contesta Bowles a los que le preguntan por qué ha permanecido toda su vida en Tánger. Nunca da dos respuestas iguales pero, en definitiva, viene a afirmar que no se arrepiente de haberse quedado, a pesar de la añoranza por el pasado tangerino. Pero si Paul Bowles quería que Marruecos se perpetuase en los años treinta o cuarenta es porque persistía en él una idea puramente colonialista. El 2 de marzo de 1975 escribió una carta a su amigo Alec France desde Tánger: «Uno de los motivos que me animaron a quedarme en Tánger fue que en esta ciudad encontré un pueblo que combinaba a la perfección con mis fantasías». Bowles ya había clarificado algunas de ellas en *Déjala que caiga*: «Uno de los encantos de la zona internacional (Tánger) es que podías conseguir cualquier cosa mientras pudieras pagar su precio. Aquí todo era corruptible. Conseguir algo era tan sólo cuestión de dinero».

Sin embargo, Bowles llegó a manifestar su desánimo a Regina Weinreich en una carta escrita el 2 de agosto de 1989: «Es muy difícil vivir en un país musulmán si no comulgas con esta religión». Y en *Déjala que caiga* Hammou Thami afirma que «cuando los cristianos y los musulmanes se encuentran, sólo pasan cosas malas». Resulta difícil convencerle de que todo lo que ocurre no es más que un símbolo, como ya dijo Goethe. De ahí que Bowles, vencido por la enfermedad y sin poder escribir, intente exorcizar la decadencia de la ciudad evocándola en las conversaciones.

Lo cierto es que a Paul Bowles le gustaba Marruecos pero no los marroquíes. Bowles intentó defenderlos en *La casa de la araña*, pero al final acabaron decepcionándole. Él, que pensaba que tras la independencia iban a retomar sus costumbres atávicas, fue sorprendido con una europeización que superaba la de la época colonial. El Marruecos que Paul Bowles amaba desapareció con la independencia y ya jamás volvería. En cuanto a la imagen que quedó grabada en su mente, no está relacionada únicamente con los tangerinos, sino con los marroquíes en general. En la película[8] realizada por Sebastian Hirt, se puede ver al propio Bowles leyendo el siguiente pasaje de uno de sus libros: «Un barco de piratas entró a plena luz del día en la bahía de Tánger. Enviamos a cuatro hombres para que lo trajesen a puerto, y nosotros nos dirigimos al acantilado. Allí aguardamos hasta que la proa chocó contra el arrecife, y fue entonces cuando nadamos hacia el barco y lo abordamos. Algunos pasajeros se tiraron al mar. El capitán y la tripulación estaban en el puente. En esta ocasión habíamos recibido la orden de matar al menor número posible de marineros, y logramos capturarlos a todos vivos, con la excepción de una mujer inglesa que murió ahogada. Encadenados, hicimos avanzar por delante de nosotros a los presos por las calles de Tánger».

Tras la lectura de este pasaje, Bowles continuó: «Tenían la orden de apresar a todos los barcos europeos que surcaban las aguas de Marruecos, con el fin de capturar a sus marineros y convertirlos en esclavos. Esta historia está narrada por simples ciudadanos que han tenido éxito raptando a la tripulación de un pequeño barco. Creo que data del siglo XVI. Miles de hombres fueron secuestrados y llevados a Meknés para que trabajasen cavando bajo tierra estrechas celdas y cuevas para el palacio. En aquella época, los marroquíes eran muy temerarios, incluso actualmente creo que estarían dispuestos a repetirlo si tuviesen la oportunidad. Hoy en día aún se habla seriamente de recuperar Al-Andalus, pero es imposible. Si no lo hacen no es por falta de ganas: odian a España y a todos los países extranjeros. Son xenófobos, y mi opinión es que probablemente intenten invadir de nuevo el sur de España, aunque sin éxito. De hecho, ya lo hicieron en la época de Franco, que capturó alrededor de cincuenta y cinco mil marroquíes y los utilizó como punta de lanza de su ejército. Pudieron haber cosechado muchas victorias, pero ¡qué desgracia! Franco les había animado a que llevaran a cabo todo tipo de actos de rapiña. Quemaron pueblos, saquearon, violaron a las mujeres... Utilizaron la libertad a su antojo, mataron a sacerdotes y monjas, incendiaron iglesias, destruyeron todo lo que se cruzó en su camino, y lo hicieron disfrutando, a placer».

En *Después del mediodía*,[9] Mrs. Callender, con voz cansada, alude así a los marroquíes cuando habla de su hija a Mr. Van Siclen: «Si tú supieras lo peligroso que es educar a una joven en este lugar, con estos marroquíes a nuestro alrededor, y con esos desconocidos que vienen cada día al hotel... Evidentemente nosotros, sólo contratamos a los marroquíes más afables, pero ¿tú sabes cómo son? No son dignos en absoluto de confianza. Están todos locos como cabras. Nunca puedes adivinar lo que les ronda por la cabeza, y mejor que no lo averigües. Gracias a Dios podemos permitirnos enviar a Charlotte a un colegio en Inglaterra».

Aunque Mrs. Callender se refiera a los marroquíes como bárbaros, adora el sol y la espléndida naturaleza del país. Sin embargo, en *El cielo protector*, Mrs. Lyle arremete con más inquina si cabe al hablar con Port: «Dicen que aquí, en las montañas, es mejor llevar un arma. Es cierto que no he conocido a ningún árabe que supiera usarla, pero hay que cuidarse de estos franceses asalvajados». En otro pasaje, los empleados del hotel se despiden con un «¡buen viaje!» de Mrs. Lyle y de su hijo Eric. El coche arranca, y Mrs. Lyle, mientras se acomoda, dice haberse sentido observada: «Al salir me di cuenta de que varios tipos me miraban fijamente. Es una raza hedionda que no hace otra cosa en la vida que espiar a la gente. ¡Menuda vida la suya!». O, más adelante, al dirigirse a su hijo: «He descubierto la más preciosa de las mezquitas, pero está llena de mocosos que chillan como demonios. Son animales mugrientos». Finalmente, Eric acaba reconociendo que su madre «no sabría cómo comportarse si la llevásemos a un país civilizado», y es que cuando se trata de insultar, Mrs. Lyle no deja títere con cabeza. Ni su propio hijo, «el chiflado», se libra.

El personaje de Tunner no resulta menos desagradable cuando se ensaña con los criados, comentándole a Port: «Bueno, voy a llamar a uno de estos macacos para que me haga la habitación».

Como demuestra en sus novelas, a Paul Bowles nunca le tembló el pulso al representar lo sórdido y lo mezquino de un ser humano que no conoce moral, y siempre sin llegar a implicarse emocionalmente, sin tomar partido. Ya expresó en una carta a William Trag su atadura a los lugares: «Para mí, han tenido desde siempre mucha más importancia que la gente. Las personas tan sólo me sirven de fuerza de propulsión, como un avión se sirve de las corrientes de aire. Mis sueños no suelen girar alrededor de la gente, sino que más bien están relacionados con las coordenadas y las circunstancias en las que me muevo, y quien aparece siempre está desprovisto de rostro, no tiene identidad. Estoy convencido de que el apego a los lugares es una constante primordial para la existencia». De esta manera, Bowles siempre se ha sentido como un exiliado, renegando incluso de su nacimiento en Nueva York. Al considerar que todas las tierras son su patria, no puede pertenecer a ninguna. Por otro lado, el caso de Jane es bien distinto: su interés se centra en el diálogo. Ella da poca importancia al lugar, y en sus cartas cita constantemente a Antonin Artaud: «La vida es quemar preguntas».

«Son un montón de pordioseros, una piara de vagos. Se pasan el día fumando kif en sus *sebsis* y mendigando comida. Son unos inútiles afeminados.» Así habla de los marroquíes Sir Nigel, el inglés de siniestro rostro marcado de cicatrices, con los ojos juntos como los de un chimpancé, y protagonista del cuento titulado *Una cena en casa de Sir Nigel*.[10] Bowles recrea en la siguiente escena, y con la habilidad que le caracteriza, las inclinaciones del personaje: primero recibe a cinco adolescentes provenientes de las aldeas cercanas a Tánger, encabezadas y entrenadas por una sexta mujer, negra y mayor que ellas. Mientras Sir Nigel las azota con su látigo, las jóvenes se enzarzan entre ellas, arañándose, tirándose de los pelos y arrancándose la ropa. Pasado un rato, cuando sólo se escuchan gemidos, la mujer negra ordena que paren con un simple gesto de mano, y se retira cada una a su habitación. La escena la completa un grupo de periodistas canadienses e ingleses que asisten al espectáculo. Uno de ellos, que conoce a Sir Nigel, asegura que las adolescentes vienen voluntariamente a la casa y representan el espectáculo para poder alimentarse. Viven encerradas un mes y antes de marcharse cada una de ellas recibe un lujoso caftán de regalo por los servicios prestados. Sir Nigel cuenta que su cocinero, traído de Zanzíbar, también era amo de llaves, sirviente y jardinero, y que él solo es capaz de llevar a cabo el trabajo que harían seis marroquíes.

La imaginación de *Las mil y una noches* nutre esta puesta en escena a la manera de Sade. Aunque Bowles siempre ha negado cualquier influencia del marqués en sus escritos, Gore Vidal, en su prefacio para la recopilación de las novelas de Paul Bowles, hace alusión a ella. Por su parte, Bowles contestó de alguna manera a Vidal en una carta dirigida a John Martin, el 12 de enero de 1978 y editada por Black Sparrow Press, en la que afirma que intentó leer *Las 120 jornadas de Sodoma* y no fue capaz de acabarlo.

Refiriéndose a los narradores, Bowles explica: «Las personas que me han hablado y contado sus historias, lo han hecho simplemente por placer. Era algo muy corriente. No hace mucho tiempo, cincuenta años o incluso menos, a la gente le gustaba contar y escuchar historias. Con la llegada de la televisión todo ha cambiado y ya nadie piensa en ellas. La televisión ha matado todo, casi todo. Ha matado la música y la tradición oral... ¿Y algo más? Me temo que sí. La televisión es una invención mortífera. Su finalidad comercial es anticultural, y no podemos hacer nada al respecto. Ya está. No hay nada que hacer».[11]

Esto pudo ser lo que llevó a Bowles a pensar en Tánger como un paraíso a su medida, un sueño: un lugar donde el tiempo se detenía en una de las épocas más dichosas de su existencia. Considera que las transformaciones geográficas, los cambios históricos y el surgimiento de nuevas culturas le han impedido disfrutar de la vida allá donde iba. Pero Tánger era diferente, allí se ignoraba la noción del tiempo, no era un objeto más que poseer, al contrario que en Occidente. Así, Bowles pudo haber elegido Tánger como refugio, como lugar donde curarse de ese tiempo que altera al ser humano y lo convierte en un obseso de la inmediatez. De ahí que en *El cielo protector*, Port le pregunte a Kit: «¿Qué es una semana para ellos? No tienen noción del tiempo».

Aunque Bowles siempre intenta vivificar su pasado, aferrándose a él desesperadamente, su empeño es baldío. Ese pasado se le escurrió de entre las manos, se esfumó, y aunque puede volver a él haciendo memoria, su recuerdo siempre guarda un poso amargo.

En una carta del 2 de febrero de 1947, explicaba a Charles Henri Ford su noción de raigambre: «Como muy bien sabes, nunca he llegado a formar parte de ninguno de los lugares por los que he pasado, y tampoco lo he pretendido. Como es lógico, no ocurre gran cosa en sitios poco poblados, y no cabe pensar que allí pueda ocurrir algo interesante. De ahí mi admiración por los lugares complejos. De hecho, incomodan tanto los pueblos con poca gente que no se puede vivir en ellos. Y no me extraña, yo no podría. Pero, por lo general, antes que huir, creo que es mejor afrontar las situaciones que nos incomodan y soportarlas mientras nos sea posible. Si no, el deseo de evasión nunca desaparece».

A Bowles, sus escritos, sus viajes y su actitud inconformista ante la vida, le llevaron a convertirse, sin que él lo pretendiera, en el precursor del movimiento hippy. Siempre negaba rotundamente su pertenencia como escritor a la generación Beat, y aseguraba que incluirle en ella era una equivocación. A pesar de ello, solía acoger a numerosos miembros del grupo. Conversó con ellos, dedicándoles mucho tiempo. Paul Bowles fue como un padre espiritual porque entendía como nadie esas ganas que tenían de romper con la familia y con la sociedad de la que procedían, al haber pasado él por lo mismo. Incluso les toleró durante un tiempo sus arrebatos, y es que llegaban a Tánger, dejaban las maletas en la entrada de su pequeño apartamento y exclamaban: «¡Aquí estamos, hemos venido a verte!». Al final, Bowles acabó cansándose. No quiso recibirlos más y pidió a Mrabet[12] que se encargase de ello.

Por aquel entonces, la Escuela Americana de Tánger acogía cada verano a un grupo de estudiantes que aspiraba a dedicarse a la creación literaria. Bowles corregía sus textos, pero todos le decepcionaban, ninguno de ellos tenía verdadero talento, salvo uno. ¿Quién era? Un misterio. En cualquier caso, sólo buscaban enriquecerse con la escritura, pero no sabían nada, apenas dominaban ciertas reglas gramaticales.

Durante muchos años, Bowles fue brindando su ayuda a estos estudiantes, pero las dos operaciones de ciática le debilitaron y su melancólica vejez acabó por apagarlo. Bowles es menos místico y profundo en sus escritos que Hermann Hesse, que también había influenciado a los hippies, sobre todo con *El lobo estepario*, por su pesimismo, y con *Siddhartha*, por su optimismo. Hesse estuvo menos fascinado por lo exótico, y no necesitaba utilizar el *majoun* para estimular su imaginación, algo que sí hizo Bowles al describir la muerte de Port en *El cielo protector*, o la escena de *Déjala que caiga* en la que Dyar Nelson hunde —con todas sus fuerzas— un clavo en el oído de su amigo Thami, para librarse de él por miedo a que le arrebate el dinero.

Más tarde, Norman Mailer escribirá: «El crimen, las drogas, el incesto, la muerte del hombre honesto, los festejos, los placeres. Es el fin de la civilización».

Lo que quiero preguntarte, Paul, es lo siguiente: ¿Has logrado tu propósito? ¿Has conseguido materializar el sueño de los escritores norteamericanos en peregrinaje por las capitales culturales como París, Berlín, Roma o Tánger? Aunque el sueño que perseguía Bowles era diferente de aquel que alentó a sus predecesores, porque como él mismo dijo, «siempre he ansiado, como cualquier otro romántico, encontrar un lugar mágico que me confesase su secreto, que me brindase sabiduría, aunque para ello tuviese que pagar con mi vida».

En este momento me viene a la cabeza Malika, personaje de *Here to learn*, de quien Tim, con su complejo de Pigmalión, quiso hacer su Galatea. A Malika, tras borrar de su vida la miseria material al heredar de su marido, le faltaba un desafío aún mayor: hacer a un lado el oscurantismo, legado espiritual de su familia.

—¿Teme usted a la muerte, señor Bowles? —le preguntó Chaker Nouri.

—No, no la temo. Claro que no quiero morir. Me asusta ese instante fatal, pero todos pasamos por él. Es una realidad humana que hay que aceptar igual que aceptamos la vida, porque una forma parte de la otra. De otro modo, no seríamos realistas.

Bowles siempre tuvo una inclinación irrefrenable, casi innata, hacia la fuga. Es un hecho sabido que no fue deseado por su familia. Los hay que dicen que fue su padre quien quiso deshacerse de él cuando sólo tenía seis semanas, dejándolo en el alfeizar de la ventana una fría tarde de noviembre. En otra versión se acusa a Winewisser, su abuela materna, de desear su muerte por celos, al considerar que vino al mundo para separarla de su hija. Sin embargo, por cómo habla Bowles de su padre en una carta enviada desde Italia en 1932 a su amigo Morrisette, se confirma que es él su verdadero enemigo y no su abuela: «Celoso de mi extraordinario talento, un día ordenó sacar el piano de casa».

Si Paul Bowles fue tan brillante en los estudios se debió a su aislamiento, no tenía muchos amigos en el colegio, y hasta los siete años no comenzó a jugar con los niños de su edad. Vivió su infancia rodeado de adultos, pero nunca arropado. En lugar del calor familiar, en su casa imperaban un control y una represión que rozaban lo terrorífico. En contadas ocasiones recibió la indulgencia de su padre, que le infligía una y otra vez verdaderos suplicios, como el de obligarle, por el bien de su salud, a masticar cada bocado cuarenta veces antes de tragarlo. Parece obvio que se inspiró en su entorno familiar para escribir *Campos glaciales*,[13] ya que incluso existen ciertos paralelismos entre él y Donald, el protagonista de la historia.

Los primeros cuentos de Bowles los protagonizaban animales. Ya con cuatro años su madre para dormirle le contaba historias, y no siempre necesariamente eran para niños de su edad. Entre otros, le leía los cuentos de terror de Edgar Allan Poe, el que ha sido hasta día de hoy su escritor preferido. Más adelante, descubrió, sin la ayuda de nadie, y admiró a Lautréamont, aunque sus escritos no rezumen tanta violencia como los que acabó escribiendo él. No obstante, no le ocurrió lo mismo con Faulkner. En una carta dirigida desde Tánger el 18 de enero de 1983 a Allen Hibbard, Bowles le cuenta que ha leído las obras de Faulkner, pero que no terminó de creérselas. Por otra parte, ni siquiera pudo acabar *Guignol's Band* de Céline. Y, refiriéndose a Joyce, Bowles escribe lo siguiente a Millicent Dillon: «Te envidio si eres capaz de leer, sin que decaiga tu interés, el *Ulises*. Algunos aseguran que son capaces de leer entera la obra, y al parecer tiene un gran valor literario». En cuanto a Rimbaud, lo admiró hasta los quince años, antes de preferir sus propias aventuras a su poesía. Bowles se sintió, por un lado, atraído por la técnica del pintor Francis Bacon, y por otro, desconcertado por *El almuerzo desnudo*, de William Burroughs.

A sus casi ochenta y seis años, Paul desearía volver a ser niño, pero no el niño que fue, sin duda. Su padre, al ver que la salud de su madre era tan frágil, solía repetirle: «Tu madre siempre estará enferma por culpa de tu nacimiento».[14] A pesar de todo, Bowles afirmó lo siguiente en una entrevista: «Me gustaría volver a ser un chiquillo otra vez porque el aire huele mejor a esas edades. Ahora, con ochenta y uno, no tengo demasiadas oportunidades de gozar de la vida. En cambio, un niño puede salir, pasar el día al aire libre, mirar el sol, las flores y respirar a pleno pulmón. A mi edad, tengo pequeños achaques cada vez que salgo. No me puede ocurrir nada interesante, y sin embargo, el niño, sin miedo, inocente, tiene la impresión de que el mundo es maravilloso. Tal vez echo de menos esa inocencia, y eso que no creo que la vida de un niño sea el paraíso. Sufren mucho, bastante más que un adulto, pero también gozan más intensamente».

A Paul Bowles le gusta sentir de cerca el miedo, pero no sabe bien por qué. Piensa que «el miedo es el que gobierna y mueve el mundo. Se trata de un sentimiento mucho más fuerte que el amor. ¿Por qué no será el amor el encargado de regirlo todo? Gracias al amor se reproduce la especie. Pero ¿y el miedo a la muerte? Todos queremos seguir viviendo y cualquier cosa se convierte en una amenaza para la vida. De hecho, de no ser por el miedo, un día dejaríamos de respirar sin darnos cuenta». En sus palabras se puede reparar en la influencia de Oswald Spengler, autor de *La decadencia de Occidente*, de quien es ferviente admirador. Una de las obras de Bowles que recoge más claramente el pesimismo del escritor alemán es *La casa de la araña*, en la que no nos invita a preguntarnos por qué vivir, sino más bien cómo hacerlo, ya que una vez nacemos no hay marcha atrás.

Mientras Epicuro afrontaba el miedo a la muerte afirmando que ésta sólo llegaría cuando él ya no pudiese verla, Bowles, sin embargo, no ha podido mitigar ese miedo de ninguna manera. Para él, ese sentimiento es más poderoso que ningún otro, incluso que el amor. ¿No será afrontar la vida lo que le atemoriza? Una de las opciones del temeroso siempre será el suicidio. Como afirmó Bowles, ni siquiera el dinero o el lujo son un paliativo, y es que la burguesía también sufre. «No hay nada que proteja al hombre de la muerte. No hay remedio. Puede que la gente que cree en la inmortalidad parezca no tener miedo, pero ¿qué les hace pensar que ellos no acabarán muertos? Nadie ha comprobado si existe la vida eterna, ni nadie lo hará jamás.»[5] A Bowles se le pasó subrayar que el miedo no tiene límites.

En la película de Sebastian Hirt, Paul habla de nuevo de la muerte: «Yo creo que debemos morir tal como hemos vivido. Si ha sido en el caos, que sea caótico nuestro final. Mejor así. De todas formas todo acabará tarde o temprano, poco importa la manera. Pienso que los que más temen a la muerte son aquellos que creen en la otra vida. Aunque ellos también ignoran lo que les ocurrirá cuando mueran. Si creéis que Dios os juzgará por lo que habéis hecho en esta vida, y no estáis seguros de obtener su bendición, os llevará a preocuparos y a temer a la muerte. Y no es necesario».

No obstante, nada de esto nos acerca a lo que piensa realmente sobre el asunto. En cierta ocasión, Emil Cioran afirmó que «el hombre cuando muere se convierte en amo del mundo». ¿Cuál será la opinión de Bowles al respecto?

TÁNGER ENTRE DOS VOCES

En 1876, Mark Twain dejó atrás España para recalar en Tánger. No tardó más de treinta y seis horas en marcharse. En *Los inocentes en el extranjero*, comentará: «Hace mucho tiempo que buscábamos un lugar como Tánger. Ansiábamos llegar a un sitio absolutamente distinto». Mark Twain llegó a considerar que se trataba de la segunda ciudad más antigua del mundo. Escribió a sus amigos diciendo que creía haber descubierto un paraíso. A día de hoy, su premura por abandonar la ciudad sigue siendo un misterio, ya que Tánger no le decepcionó en absoluto.

Paul Bowles, en cambio, se instaló definitivamente aquí a pesar de todo, motivo por el que Gavin Young le llamaba «el escritor emir de Tánger». Y digo que se quedó a pesar de todo porque el tono elevado con el que la gente habla, o el ruido de las gaitas y los tambores, que no cesa ni de día ni de noche, perturbaban su tranquilidad. Aaron Copland, sin ir más lejos, tras haber pasado aquí unos días con Bowles, declaró: «Aquello es un manicomio, un asilo para locos». Su rechazo se hizo extensible a todo Marruecos cuando ambos visitaron Fez, ya que le pareció una ciudad aún más estrepitosa que Tánger. A Bowles, por el contrario, no sólo no le molestó el ruido de Fez, sino que estableció allí algunas relaciones con familias burguesas, que le protegieron del desamparo del exilio.

Después estaba Truman Capote, que llegó a Tánger en 1949 acompañado de Jane Bowles. A sus veinticinco años, Capote parecía un niño atemorizado que su hermana mayor llevaba a rastras. Vino a pasar el verano a Tánger pero, a diferencia del resto de escritores, él no estaba a punto de terminar un libro, ni siquiera había empezado a escribir uno. Pues bien, a su vuelta a Nueva York, advirtió tres cosas a los que se interesaron por viajar a Tánger: «Si vas, vacúnate contra el tifus (enfermedad que Bowles sufrió), retira todo el dinero del banco y despídete de los amigos. Este último consejo va muy en serio, porque sólo Dios sabe si volverás a verlos algún día».

Pero Capote también afirmó que el tiempo avanzaba muy lentamente, sin llegar a detenerse. Huyó antes de que el encanto de la ciudad también le atrapase a él. No quiso dejar su destino en manos de Tánger. No tuvo la valentía de dejarse llevar. Bowles, que sí la tuvo, describió así al neoyorkino de voz de cabra: «Era bastante ahorrador, y tenía una extraña forma de hablar. Nos hacía reír con su sentido del humor. El único problema es que aquí nadie sabía quién era él. Esperaba que todo el mundo le reconociese: "¡Mirad! ¡Es Truman Capote!", pero no era así. Al final siempre rehusaba ir a la medina o a la Kasbah [...] Tenía miedo. "No, no voy a ir allí". (A Bowles le encantaba imitar su voz). Un día le pregunté por qué no quería ir a la medina, y él me contestó: "¿Quién sabe lo que me puede suceder allí?".

»En cierta ocasión, Capote asistió a una fiesta de disfraces. Todo el mundo iba disfrazado pero no recuerdo bien de qué. Creo que llevaban ramos de flores y algo así como trajes de baile. Mrs. Green era una de las invitadas, y nada más verle le preguntó cuál era su disfraz. "¡Soy el espíritu de la primavera!", le contestó, a lo que ella replicó: "Pues, ¡no lo parece!". Y aquí se acabó la conversación».

Brion Gysin desembarcó en Tánger un año más tarde, en 1950. Estaba subyugado por la música popular que Bowles le reveló. Éste solía hacer de cicerone de los americanos —y otros extranjeros— que confluían en Tánger, la «Dream City». Gysin finalmente se afincó en la ciudad, que pasó a ser su rincón favorito del país, la metonimia del resto de Marruecos. Le confesó a Bowles que Tánger era idílico, eterno. Deseaba instalarse allí para el resto de su vida, y para sellar sus lazos con la ciudad, abrió el restaurante Las Mil y una Noches en el palacio del Menbhi en Marchan (de entre los barrios antiguos de la ciudad, el más bonito). Además, respaldó al grupo musical Jajouka[16] de Tánger dando a conocer su música por toda Europa y Estados Unidos. Incluso consiguió traer a los Rolling Stones para que la escucharan. Gysin aprendió el árabe dialectal que llegó a dominar mejor que Bowles,[17] en parte porque las relaciones amistosas de aquél con los marroquíes fueron más calurosas. Una vez le confió a Paul: «Si algún día me hago musulmán será por esta música popular marroquí».

Gysin escribió en Tánger su única novela, *The Process*, que no tuvo ningún éxito. Aquí vivió veinticinco años, hasta que se mudó a París para tratarse un tumor, sin éxito, pues el cáncer finalmente acabó con su vida en 1986. Durante su estancia en París regresaba a menudo para visitar a sus amigos y conocidos. Tras su muerte, su hermana espiritual, Anne Cuming Felicity, llegó a Marruecos con la urna que contenía sus cenizas. Se esparcieron, tal y como recogía el testamento, sobre las rocas de la Gruta de Hércules en Tánger y en su plaza preferida de Marrakech, la de Jama' El-Fna. No se olvidó en su testamento del amor que le tenía a estas tierras. Cenizas por aquí, cenizas por allá, ¡demasiadas cenizas!

Creo que Brion Gysin fue el único extranjero célebre en Tánger a quien nunca le he oído quejarse de los marroquíes. Tras abandonar definitivamente la ciudad, le dijo a Daniel Rondeau: «Durante esos años —se refiere a los veinticinco años que pasó en Tánger— era un paraíso. No volveremos a ver nunca una ciudad semejante».

Paul Bowles participó en la grabación de diferentes tipos de música popular marroquí y andalusí. Refiriéndose a lo difícil que resultaba llevar a cabo esta tarea, contó que «necesitaba la ayuda del gobierno. Cuando llegaba a una ciudad, iba a ver al Caíd. Le enseñaba la documentación y le pedía que reuniera a los músicos del lugar. A veces los Caídes se negaban, decían: "No, no queremos que la música marroquí sea exportada. No queremos que los extranjeros escuchen lo que hacemos". Algunos eran realmente desagradables, pero muchos otros eran simpáticos y estaban dispuestos a ayudarme. Tenía que tener el visto bueno del gobierno porque a veces se necesitaba un camión para ir en busca de los músicos, que se hallaban a unos cien kilómetros, perdidos en las montañas, y traerlos para que pudieran grabar. Otras veces era más fácil, se encontraban en el mismo pueblo».

Fue a principios de los años sesenta cuando empecé a leer a los escritores extranjeros vinculados a la ciudad. Se escuchaba hablar de los artistas que en el pasado visitaron Tánger, de los que volvían con frecuencia, o de los que no volvieron nunca más a pisar su suelo, como Truman Capote, Jack Kerouac o Alfred Chester. Este último acabó por suicidarse en Israel, tras ser expulsado de Tánger y Asilah a causa de su comportamiento disparatado y sus enfrentamientos, allá por donde pasaba o hacía escala, con las autoridades locales. Recuerdo que Bowles siempre contaba entre carcajadas aquella vez que Chester intentó convertir una terraza en piscina volcando cubos de agua. ¡Movilizó a todos los chiquillos del barrio para que le ayudasen!

Yo no había publicado todavía mi primera novela, aún no había sembrado mi primera semilla en el campo literario. No conocía ni a Bowles, el pionero, ni a su grupo de peregrinos, pero los observaba de cerca. Casi todos eran escritores consagrados pero yo aún no había leído nada de ellos, porque por aquel entonces los autores clásicos y románticos, tanto árabes como extranjeros, me tenían absorbido. Además, yo nunca he tenido las mismas inclinaciones sexuales que ellos. Paul Bowles era el que llevaba su homosexualidad con mayor discreción. Kerouac era también discreto, pero de vez en cuando exhibía su condición, sobre todo al emborracharse. Recuerdo que un día, mientras tomábamos algo en un bar, se levantó y se puso a gritar: «¡He follado con Gore Vidal!». Durante los años cuarenta y cincuenta, la homosexualidad estaba considerada en los ambientes literarios y artísticos americanos como una especie de deporte nacional, y particularmente entre los neoyorkinos. También se trataba de una forma de reforzar los lazos de amistad, como cuando Allen Ginsberg y Peter Orlovsky fueron a visitar a Kerouac, que estaba enfermo, y para demostrarle su amistad lo besaron con extrema ternura. Él les reprochó el beso, manifestando que no tenían por qué besarle puesto que él no era gay.

Ellos le respondieron con dulzura irónica: «Queremos simplemente que seas feliz, querido Jack». Orlovsky, al comentar aquella escena, añadía, en tono desilusionado, que Kerouac estaba demasiado borracho como para tener una erección.

Tras la publicación de *En el camino*, a Kerouac se le consideraba el Marlon Brando de la literatura: «no había hombre que no quisiera conocerle en persona, ni mujer que no ardiera en deseos de hacer el amor con él». Todo lo que escribiese de ahí en adelante se publicaría y sería un éxito de ventas, pero pagó un alto precio por la fama. Kerouac se pavoneaba ante cualquiera, espoleado por la jauría de jóvenes admiradores que le seguían de bar en bar para beber con él y celebrar su gloria. No le importaba llevar a cabo aquella exhibición tan ostentosa si con ello ayudaba a mantener su reputación literaria. Para William Burroughs, Kerouac era un gregario: le gustaba salir, beber y hablar, le encantaba estar rodeado de gente, siempre dispuesto a proclamar a los cuatro vientos que era un escritor célebre. «¡Soy Jack Kerouac!», gritaba a menudo.

A pesar de que Bowles lo desmintió en una de sus entrevistas, Burroughs admitió que había viajado desde San Francisco a Tánger en 1952[18] para visitar al autor de *Déjala que caiga*. Sin embargo, en otra ocasión, Burroughs declaró que vino por los chicos, sobre todo por los españoles; también por el hachís y el *majoun*. En *El almuerzo desnudo* escribe: «Mis amigos españoles me han bautizado como "el hombre invisible (en español)"».

A Burroughs se le veía en el Zoco Chico, sentado en un café o, bien de pie, apoyado en un muro; otras veces caminando, cuando deambulaba por las calles de la ciudad nueva. Por su actitud distante, daba la impresión de estar espiando, con el cuello del abrigo levantado, el sombrero ligeramente calado hacia delante, la mirada fija, una mano para mantener el abrigo cerrado y la otra metida en el bolsillo, o las dos manos metidas en los bolsillos. Era la época en la que tomaba con asiduidad todo tipo de drogas: fumaba kif, ingería pastillas y se pinchaba. Paul Bowles y Brion Gysin iban a menudo a visitarle al hotel Muniria, cuando estaba redactando *El almuerzo desnudo*. Le recogían los papeles esparcidos por el suelo y se los ordenaban. Cuando Ginsberg y Kerouac llegaron a Tánger, también ayudaron a Burroughs a ordenar lo que llevaba escrito de *El almuerzo*. Al parecer, Kerouac pasaba el manuscrito a máquina y Peter Orlovsky y Burroughs disfrutaban de un porro de kif mientras preparaban la comida.

WILLIAM BURROUGHS EN TÁNGER

En un principio, Burroughs no aceptó a la sociedad tangerina. Arremetía, hostil, contra todo aquel que vivía en la ciudad, fuese marroquí o extranjero. A los primeros los consideraba unos charlatanes de escaso intelecto, mientras que criticaba de los segundos su ostentación económica, siempre en los mejores bares y restaurantes. Los escritores extranjeros instalados en Tánger, como Bowles, o los que estaban de paso, como Tennessee Williams, evitaban estos alardes. Por su parte, Burroughs vivía aislado, y no confiaba en nadie. Nunca salía de casa sin su navaja o su pistola a la que le sacaba brillo a menudo. Tal era el desasosiego que le provocaba la soledad de su reclusión que rozaba lo paranoico cuando se trataba de su seguridad.

Dean, el dueño del Dean's Bar, asegura que la presencia de Burroughs era un mal presagio, un gafe, y sólo aceptaban servirle una copa si iba acompañado de un buen cliente como Kells Elvis, su amigo de la infancia, el que le animó a escribir en los años treinta.

Burroughs cometió el error de no intentar entenderse con los marroquíes, de no respetar sus usos y costumbres. Nunca se mostró amable, ni tuvo la menor cortesía. Mientras que Bowles se aclimataba con astucia, Burroughs se consideraba por encima de toda modestia. De ahí que escribiese a Gysin una carta, cuando éste ya estaba instalado en París, en la que se mostraba tajante: «Tengo que irme de aquí o terminaré por sacar mi pistola y disparar contra este montón de estúpidos». Vivía en Tánger como uno de esos personajes de *western* que llega a una ciudad en la que es forastero. Pero parece ser que finalmente acabó por descubrir ciertos encantos de la vida en Tánger que le hicieron sentirse más cómodo y cambiar de parecer: «No sé si puedo ser más feliz de lo que lo soy ahora... [...] Es la ciudad de mis sueños... Sólo le pido a Dios que no me tenga destinado abandonar Tánger. [...] Hace diez años soñé que llegaba a un puerto, e intuía, en un instante, que era allí donde siempre había querido vivir. Pues bien, el otro día, mientras remaba cerca del puerto de Tánger, reconocí su bahía: era como la de aquel sueño».

Este sueño es parecido al que tuvo Bowles en Nueva York. Soñó con un lugar que le ofrecería la sabiduría eterna y, posiblemente, la muerte misma. Ese lugar también resultó ser Tánger, aunque hay que precisar que Burroughs no se quedó aquí por razones antropológicas, como fue el caso de Bowles, sino más bien para darse al consumo de drogas con total libertad. En una carta que dirigió a Allen Ginsberg el 18 agosto 1954, escribe: «He llegado a la conclusión de que el comportamiento de la policía de Tánger debería ser el modelo a seguir en cualquier otra ciudad: no reparan en nuestras prácticas sexuales o en las drogas que consumimos porque, como bien sabes, todos fuman kif en la calle como si se tratase de tabaco. Ya supone bastante trabajo mantener el orden. No he presenciado muchas peleas pero, cuando se desata alguna, la policía se presenta en el lugar a los pocos segundos. A pesar de esta rapidez, fueron incapaces de impedir un asesinato que acaeció recientemente en la calle principal. Iban un par de árabes[19] y uno de ellos asestó a una mujer una puñalada en el vientre. Nadie avisó de lo sucedido. Los robos, en cambio, son menos frecuentes.

»En caso de cualquier altercado entre un árabe y un americano, la policía da automáticamente la razón al extranjero. En parte estoy conforme, porque si sacudo a alguien, puedes estar seguro de que se lo merece. Ya sabes que suelo tener buen carácter y mucha paciencia con los defectos de la gente. Es bueno saber que la policía te apoyará si te ves en una trifulca, aunque hasta el día de hoy no he tenido ningún problema serio digno de mención. Bueno, un árabe intentó robarme, pero un envión le convenció de lo contrario. Los tribunales ni se molestan en disimular su parcialidad a la hora de dictar sentencias. Ante un mismo delito, los árabes suelen recibir una pena superior a la que le caería a un europeo. De todas formas, aquí las penas nunca superan los cinco años».

Éste es el Marruecos que añoran Burroughs, Bowles y todos los de su generación que han vivido en Tánger.

Durante sus primeros días en Tánger, Burroughs sólo se sentía a gusto en compañía de los limpiabotas. Con ellos fumaba kif y bebía té con hierbabuena en cafés populares. Era lo único que tenían en común. Por lo demás, no entendía nada de lo que farfullaban, y no tenía ni la más mínima curiosidad por comprender sus costumbres. «¿Qué significa esta mierda de cultura árabe?», escribía a Ginsberg. Eso sí, alcanzaba el éxtasis cuando fundía su cuerpo con el de Kiki, su amante. Practicaban sexo fumando kif, y sus encuentros podían durar horas, hasta dieciséis de un tirón.

Burroughs reconoció que en Tánger, cuando no tenía ni para comer, Kiki solía cobrarle menos de dos dólares al día: la mitad para él y la otra mitad para su madre enferma, al corriente de las relaciones de su hijo. La única preocupación que enturbiaba la estancia de Burroughs en el paraíso terrenal era que sus padres le enviaban poco dinero y él se lo gastaba casi todo en drogas. Llegó a relatar escenas perturbadoras que explicaban los efectos de su adicción: «Anoche me desperté al sentir que alguien me presionaba la mano: era mi otra mano». Y cuando el dinero tardaba en llegar, su querido Kiki se encargaba de vender o empeñar la ropa de Burroughs, su cámara de fotos o su máquina de escribir.

Cuando Jay Haselwood murió de una parada cardíaca el 30 de diciembre de 1965, Burroughs, que se encontraba en Tánger, asistió a su entierro en el cementerio Saint Andrew. La ceremonia fue especialmente triste. Burroughs consideraba que, con la marcha de Haselwood, había acabado esa época del «Vive y deja vivir», y decidió que ya había disfrutado suficiente de la libertad de Tánger, de eso que la convierte en la ciudad sin ley. Volvió en alguna ocasión por un arrebato de melancolía, para saludar o dar un paseo por algún jardín que tenía olvidado. Pero Tánger, punto de inflexión en su trayectoria literaria, ya no le inspiraba nada. Absolutamente nada.

En cambio, Tánger sí conoció celebridades que no repararon en echar raíces, como David Herbert, hijo de un conde inglés; la pintora Marguerite McBey; Claude Thomas, la traductora de Bowles y de Mohamed Mrabet; o el pintor chileno Claudio Bravo. Todos ellos amaron probablemente estas tierras más de lo que pudo hacerlo Burroughs.

MI ENCUENTRO CON BOWLES

Édouard Roditi se compró en la Kasbah una casa provista de un modesto jardín, en cuyo centro se alzaban una higuera gigante y una viña. También contaba con un pozo. Acudía allí para descansar de su agotador trabajo como intérprete en los coloquios internacionales, y recuperar fuerzas. Él mismo decía que era un trabajo extenuante. Dominaba el inglés, el francés, el español, el alemán, el turco, y tenía nociones del italiano y del portugués. Escribió sus poemas, novelas y críticas literarias tanto en inglés como en francés. Además, tradujo del turco unos poemas de Yunus Emre. Conocía bien las principales capitales árabes, y en cada una de ellas tenía una aventura sexual que rememorar. «¡No sé cómo me las ingenié, pero cuando estaban a punto de violarme conseguí escapar!», exclamaba con una pequeña sonrisa dibujada en su cara. Si sus aventuras eran demasiado rocambolescas, yo dudaba de que realmente le hubieran sucedido, pero no se lo comentaba.

¿Quién era yo para juzgar si eran ciertas? Disfrutaba mucho contándolas. Allá donde iba, siempre había alguien que intentaba violarle y de quien acababa zafándose. Las atractivas divagaciones sexuales que imaginaba no terminaban nunca. Mientras las contaba, se divertía y distraía a los oyentes, maravillados ante tanta excentricidad. Por otra parte, no ocultaba el orgullo que le suponía conocer personalmente a los dos hijos de Ahmed Chawki y a sus nietos. Atesoraba también algunos recuerdos agridulces de Neemet Eloy Bek, una egipcia exiliada, a quien Rainer Maria Rilke amaba y enviaba cartas llenas de amor. Otra de las aventuras recurrentes de Roditi era la de aquella mañana que se despertó en una habitación de hotel en París en la misma cama que Lorca. Siempre añade que sucedió tras una noche de orgía y alcohol, pero nunca recuerda los detalles.

En Tánger, cualquier narrador con talento puede inventar una historia y estar seguro de que resultará convincente, de la misma manera que él no pondrá en duda la veracidad de las que lleguen a sus oídos. Así se construye y se eterniza la felicidad de vivir el encanto del mito de los mil colores. Una certeza sobrevive en el alma de aquellos que aman Tánger: nunca se aburrirán en la ciudad que rezuma el embrujo de *Las mil y una noches*. La magnificencia del mito, desde los tiempos de Anteo hasta los últimos conquistadores, nutre la leyenda que se ha ido tejiendo a su alrededor, una leyenda que la protege de cualquier calumnia que se le infiera. Es una locura pensar que alguien que llega a Tánger prefiera hablar de verdades antes que imaginarse siendo su rey Shariar, convirtiendo a la ciudad en su Sherezade, pero ella siempre tiene la última palabra, y somete, expulsa e incluso mata a todo aquel que la traicione o a los que tergiversan su enigma. Para aquellos que la malinterpretan no conoce la indulgencia. Por todo esto, no importa que pasen los años porque, hoy como ayer, Tánger siempre será codiciada por aventureros y soñadores.

En *Déjala que caiga*, Mr. Richard Holland se dirige a Dyar Nelson, usando un lenguaje periodístico, para decirle que «en Nueva York, los estafadores se disfrazan de hombres de negocios (refiriéndose a Wall Street), y aquí de corredores de bolsa, pero de una bolsa muy diferente a las demás: una bolsa que es el alma de la ciudad, su razón de ser. Allí hay *gangsters*, aquí contrabandistas. En todos los países, sin importar el civismo, hay gente dispuesta a chupar la sangre del que tiene al lado». ¿Soy el único al que esta comparación le parece desacertada?

Una tarde acompañé a Roditi a casa de Bowles. Ellos se admiran mutuamente, aprecian sus trabajos, se animan para seguir creando sin importar el valor de lo que producen. Son amigos íntimos y tienen casi la misma edad. A pesar de que Bowles parece más ágil de reflejos, no anda muy bien del oído. A menudo, se lleva de repente la mano a la oreja y le dice a su interlocutor: «¿Qué?». Y yo me pregunto: ¿No lo estará haciendo adrede? (Veinticinco años más tarde, el 26 de abril de 1994, mi agente literario me ha comunicado que Paul Bowles ya no oye nada por el oído derecho desde que le fueron practicadas, en París y Atlanta, sendas intervenciones quirúrgicas en la cara para extirparle un tumor cancerígeno.)

Bowles, como la mayoría de los extranjeros que han vivido mucho tiempo en Tánger, prefiere hablar en español; sólo habla inglés con sus compatriotas.

Roditi me lo presentó, con su voz siempre amable:

—Paul, él es un escritor marroquí, rifeño. Me han gustado mucho las historias que me ha contado. Espero que te gusten a ti también y que traduzcas alguna.

Bowles me escudriñó con su mirada, atenta y algo enigmática, hasta que contestó, bajándola:

—¿Y por qué no?

En aquel momento, no sé por qué, me vino a la cabeza la figura de Lautréamont, él, que se aceptó como era, el *summum* del sadismo y de la ternura reunidos. Pensé también, inocentemente, que cuando las grandes figuras mueren, su crimen cae en el olvido. Una voz interior me susurró: «Parece que la vida siempre envidia a los auténticos creadores. Por eso les castiga con una muerte absurda y prematura, para erigirse, sin rivales, como la única, la eterna». Pues bien, existencia, ¡ahí te quedas, sola para siempre, eterna depositaria del crimen!

Aunque Bowles y Roditi hablaban inglés entre ellos, yo seguía el hilo de la conversación. Rescataban recuerdos comunes, mientras yo, abstraído en mis contemplaciones, inmerso también en mi pasado, no podía disfrutar de esa nostalgia compartida. El tiempo, con su paso lento, nos va separando unos de otros. A algunos la vejez no les sienta bien, y los hay que han enloquecido o emigrado. Algunos otros han muerto, y no sé si junto a ellos también se fueron los buenos momentos. De cualquier manera, aún no es tiempo de añoranzas. Eduardo Mallea dice que «el destino es personal, y nos pertenece en la medida en que se observa en el espejo de nuestra memoria».

Al salir de mi ensimismamiento, les escuché decir algo de Jane Bowles: estaba enferma e internada en la Clínica de Reposo de los Ángeles en Málaga. Repitieron varias veces su nombre, y también el de Ahmed Yacoubi,[20] Mrabet, Brion Gysin y Norman Glass.

Al día siguiente por la tarde, le llevé a Bowles mis cuentos *Violencia en la playa* y *Las hierbas de los muertos*. Nos servimos del español para traducir mis textos al inglés. Los dos le gustaron mucho. Antes de terminar la traducción del cuento *Bachir, vivo y muerto*,[21] el editor inglés Peter Owen desembarcó en Tánger. Más tarde, cuando Owen publicó mi libro *El pan a secas* sin pagarme los derechos de autor, salvo por las cien libras que me adelantó como anticipo, me di cuenta de que estaba ante una sanguijuela. Él mismo reconoce ser un *gangster* y, para justificarse, alega brindar su inestimable ayuda a candidatos que, aunque talentosos, no alcanzarían la fama sin él.

Creo que el poeta iraquí Abdelkader El Janabi[22] no se equivocó cuando escribió eso de «¡lábrate un nombre propio y asume tu papel en la mente del lector!». Y yo quería representar mi papel. Como escritor novel, sólo tenía un objetivo: publicar mi primer libro aunque para ello fuese víctima de un estafador. Peter Owen, que ya había publicado *Una vida llena de agujeros*,[23] la autobiografía de Driss ben Ahmed Charhadi[24] y *Amor por un puñado de pelos*, de Mohamed Mrabet, volvió a Tánger en busca de una nueva víctima.

Como Roditi le había contado a Bowles algunos episodios de mi vida de vagabundo, este último se los relató a Owen, quien acabó ofreciéndome escribir mi autobiografía. Le contesté sin pensarlo: «Ya la tengo hecha; está en mi casa». Bowles se quedó extrañado, y Owen, abriendo los ojos como platos, me propuso lo siguiente: «En este caso, firmemos un contrato provisional. Te daré cien libras de adelanto en cuanto reciba el manuscrito traducido del señor Bowles». Yo asentí con la cabeza y los tres firmamos el contrato que Bowles había escrito a máquina sin decir ni media palabra. Más adelante descubrí que su silencio era debido al placer que le suponen las mentiras piadosas. Su vida entera descansaba sobre lo incierto y lo insólito, alcanzando un nihilismo al que también empujaba a los personajes de sus obras. «Podría relegar a los personajes de mis novelas al pesimismo sin permitir que caigan en el olvido, como piensan algunos lectores y críticos vulgares». Así se defendía Paul Bowles.

En realidad, no había escrito aún ni una sola palabra de *Por un trozo de pan a secas*, que es como se iba a llamar en un principio mi autobiografía. Soñaba con escribirla algún día, pero esperaba conseguir antes cierta reputación en el mundo literario. Algunos aspectos que quería rescatar ya rondaban por mi cabeza desde hacía tiempo. De hecho ya había ofrecido varias raciones del tajín de mi vida a mis alumnos en Larache, y es que gustaban de escuchar aventuras ajenas, nuevas para ellos. Sirviéndome de mi gran memoria de anciano analfabeto, la misma noche de la firma del contrato empecé a redactar las primeras páginas en los altillos del Café Roxy. Sólo dejaba de escribir cuando el alcohol me vencía, cuando el hambre acuciaba o, algo que era frecuente, cuando no me quedaba nada en mis bolsillos.

Todos los días redactaba algunas páginas, y por la tarde se las entregaba a Bowles. Actuábamos de la siguiente manera: yo le dictaba el texto en español, frase por frase, y él traducía al inglés. Hubo quien dijo que yo había utilizado el dialecto marroquí. Es falso. Yo no domino el arte de contar en dialectal. Hasta los narradores orales más hábiles, como Ahmed Yacoubi,

Abdeslam Boulaich,[25] Mohamed Mrabet y Driss ben Ahmed Charhadi, utilizaron también con Bowles lo que sabían de la lengua española para la adaptación de sus narraciones al inglés. Grababan en un magnetófono sus cuentos en dialecto marroquí con la ayuda de palabras españolas, y Bowles se encargaba de transcribir, traducir y adaptar sus textos basándose en las explicaciones e interpretaciones de los propios narradores. No se trataba en absoluto de una traducción literal, no en el sentido estricto del término. Es evidente que reconstruía cada texto más de una vez antes de pasarlo a máquina. Pero Bowles, sea bien por lealtad o por razones artísticas, lo ha negado siempre.

Cuando Mrabet venía de visita siempre nos pillaba en mitad del trabajo, así que parábamos para intercambiar unas palabras con él. De todas maneras, Bowles no aspira a estar en armonía con las personas que le rodean, y destruye cualquier conato de cordialidad, como en *Huis Clos*, o como le pasa a Tunner en *El cielo protector*, cuando se empeña en romper la relación íntima que une a Port y a Kit. Tunner les acompaña allá donde van, y no se despega, llegando a compartir con ellos la misma cama. Port necesita estar a solas con su pareja, pero Tunner es omnipresente porque busca acostarse con Kit, hasta que finalmente lo consigue. Sin embargo, aunque pasemos todo el día juntos, «las personas no están nunca cerca las unas de las otras. Sólo se ilusionan con la idea», como dice la mujer del doctor Slade en *La tierra caliente*.

A Bowles le encantaba presenciar las discusiones de Mrabet con los amigos que se quedaban en su casa a pasar unos días, o con los que venían a verle por primera vez. Parecía contemplar con cierto placer estos altercados. A menudo, cuando estas situaciones daban paso a momentos más embarazosos, él se limitaba a esbozar una sonrisa burlona. Otras veces se refugiaba en un rincón como un erizo, mote que le puso Mrabet. Yo nunca he tenido ningún enfrentamiento con Mrabet, quien nada más entrar en casa de Bowles demostraba su carácter dominador, carácter que Paul admiraba. De hecho, todos los que acudían allí lo tomaban como una especie de juego, así que cuando éste interrumpía nuestro trabajo, nos contentábamos con tomar otro té negro con limón preparado por Bowles o por el mismo Mrabet si estaba de buen humor.

Mrabet tenía la costumbre de comentarle a Bowles, con desmedido entusiasmo, todo lo que había escuchado en la radio, en la televisión o en los cafés. Yo me guardaba de analizar en profundidad con él los acontecimientos a los que refería. Bowles, sin embargo, reaccionaba con su habitual neutralidad diplomática, con un «¡Ah! ¿De verdad?», o bien «¡Qué lástima!», «Comprendo», «Es posible, sí», «Tienes razón», «No puede ser»… Se limitaba a soltar cosas como éstas, y era más breve cuanto mayor era la excitación de él al contarle. Yo me conformaba con levantar prudentemente la cabeza. Y entonces Mrabet se iba o se quedaba.

En aquella época, Mrabet me llevaba a veces al centro de la ciudad en su coche. Hacíamos la ronda por los bares, donde me encontraba con mis queridas prostitutas, para después volver a mi miserable apartamento, en un último piso, que me deparaba frío y goteras en invierno, calor y asfixia en verano. Calor de julio y agosto que se acumula en las paredes durante el día y se desprende de noche. La única decoración con la que cuenta la casa son las telas de araña anidadas en las esquinas, y los pequeños mapas geográficos que la humedad se ha encargado de trazar por las paredes.

Hacía algunos años que Mrabet había abandonado el alcohol, pero seguía fiel al consumo de kif y de *majoun*, que preparaba maravillosamente. En cuanto a Bowles, ya no fumaba kif en el *sebsi* tradicional, sino que prefería enrollarlo en papel de fumar. Cuando salía de casa, sólo fumaba cigarrillos ingleses, y si iba a la ciudad, masticaba un puñado de clavo para disimular el olor del kif. Bowles era muy respetuoso en su comportamiento en sociedad.

Mrabet tiene buenos recuerdos de las prostitutas que conoció siendo joven, esas que hoy tienen arrugas en la cara y en los brazos, varices en las piernas, caries en los dientes, y todo el cuerpo flácido. A él le gustaba verse con ellas en los burdeles, pero prefería estar acompañado por algún amigo. Se encontraba a menudo con más de una en el mismo local, y se mostraba muy generoso con ellas. Pude constatar que mi compañía le agradaba, no sé si porque estábamos hechos en el fondo del mismo molde o porque los dos éramos rifeños y, últimamente, nos venimos apoyando unos a otros más que nunca. Mrabet tomaba sólo refrescos, y yo cerveza o whisky. A pesar de esta mutua simpatía, había desavenencias, como todas las veces que nos interrumpía mientras estábamos trabajando Paul y yo en la traducción de *El pan a secas*. Mrabet era tan celoso que llegaba a ser ridículo. Yo, por mi parte, estaba a punto de abandonarlo todo, pero Bowles salvó la situación a tiempo. Una tarde se levantó cabreado de la silla, entró en la cocina y volvió con un martillo en la mano, gritándole a Mrabet: «¡Sal de aquí, si no quieres que te mate!». Yo sabía que Bowles se imaginaba a sí mismo matando de mil maneras, pero en el fondo no le veía capaz de hacerle daño a una mosca. Comprendí aquella tarde que Paul no podía permitir que dañasen su dignidad como lo hacía Mrabet, con ese comportamiento tan infantil.

Mrabet salió del apartamento cabizbajo. Nunca había visto a Bowles tan enfurecido como aquella noche. Tuvimos que parar un rato de trabajar. Se encendió un porro, y el kif fue calmándole los ánimos. Yo encendí otro, y nos quedamos fumando tranquilamente en el más absoluto silencio. Nunca hubiera imaginado que Paul se atrevería a amenazar a alguien con un martillo, pero enseguida caí en la cuenta de que fue capaz de escribir *El escorpión*, *Déjala que caiga*, *Un episodio distante*, *Delicada presa*, *Allal*, *El jardín*[26]... Unos minutos más tarde, Mrabet volvió y se disculpó por lo ocurrido, para después marcharse de nuevo. Desde aquella tarde, no volvió a molestarnos más. La furia de Bowles no suele durar demasiado, ni él suele recrearse luego contando este tipo de incidentes. Sé que es indulgente, pero nunca he averiguado si sufría o no. Una tarde llegué a su casa completamente borracho y, al parecer, le hablé de cosas que no le interesaban en absoluto. Al día siguiente me disculpé, y él me contestó con su habitual calma:

—¡Olvida lo que ha pasado! Si me da pena es porque no pudimos trabajar. Pero, dime, ¿por qué querías que te preparara un niño asado para comer? ¿Tenías realmente ganas?

—¿Yo?

—Sí, insististe mucho en que querías comerte un niño asado.

—No me acuerdo de nada.

—¡Bueno, mejor así!

UNAS PINCELADAS SOBRE
JANE BOWLES

Jane, Janie para sus íntimos, siempre se negó a forjar su propio futuro. «Si Jane se casó conmigo fue porque huía de su madre más de lo que huía de los hombres. Yo nunca huí de las mujeres. Me bastaba con ignorarlas», dice Bowles hoy día. Es evidente que no se pudo librar de su infancia, que la sufrió como un cautiverio, ni tampoco de los placeres de su juventud. Jane únicamente parecía anhelar algo por encima de todo: que sus cosas y ella misma envejecieran rápido para poder así mostrar a la abuela refinada y elegante que siempre soñó ser. Sólo los profetas y los poetas están capacitados para marcar una época. Jane representó la comedia que le exigía el guión, pero en el fondo no encajaba en su tiempo. Ese papel fue distinto del que desempeñaba en su vida privada y sus escritos. Quiso adelantarse a su tiempo, ir más allá en la escritura, en el amor, en la amistad, a la hora de hablar o de vestir, e incluso con su pelo, llevando un corte masculino.

Somos libres de no estar disponibles para nadie. Sin embargo, Jane se pasó de bondadosa al dar demasiado a personas que, en su mayor parte, no se lo merecían. Me viene a la memoria esa expresión del poeta de la Roja[27] Mohamed Ben Ibrahim:[28] «Nací hombre, pero no lo fui». Jane no acabó siendo la mujer que quiso; la que mereció ser. Por su audacia y coraje personal, era la heroína de su época en su atrevimiento literario y su conducta. Sin embargo, si el héroe no sigue cosechando triunfos, el público prefiere verlo muerto, o sufriendo una larga enfermedad para así poder al menos asistir como espectador a su desgracia.

De joven, Jane se sintió atraída por ideas revolucionarias radicales, negó toda concesión, incluso a la armonía taoísta.[29] Sin embargo, la gloria que ofrece la creatividad literaria no fue suficiente para superar su depresión y vencer a la muerte, al menos no sin contar con el apoyo de alguien. Si la vida se nos pone en contra, no nos queda más remedio que darle la espalda nosotros también.

En Paul, el miedo es omnipresente. Jane, no obstante, albergaba este sentimiento sin llegar a padecerlo. Le fue indiferente por tratarse de un miedo circunstancial. Quien ama pierde la razón cuando lo hace sin medida, y ése fue el caso de Jane, que perdió la cabeza yendo tras un amor prófugo. En cuanto a Paul, el *gloompot*, como lo llamaba ella, se resistía, cautivo del fatalismo.

Y quizás participó de las palabras de Genet en *Un cautivo enamorado*: «Mi vida pública no es más que un engaño muy bien enmascarado».

¿De qué le sirve a una mujer fea un espejo? Jane gozó de una belleza portentosa en su juventud pero, con el tiempo, el cansancio psicológico y el deterioro físico la malograron. La llama de su cuerpo se fue apagando hasta convertirlo en ceniza. Ya podía romper todos los espejos y dejar que otros recogieran los pedazos.

A día de hoy no se han podido precisar algunos detalles de su vida, igual que ocurre cuando intentamos desentrañar la infancia del pequeño Paul. ¿Fue su padre quien se quiso deshacer de él? ¿Fue tal vez su abuela materna? ¿Deseaban ambos su desaparición?

Jane y Paul buscaron alimentar el mito que envolvía sus vidas para desafiar a sus familias y vengarse de ellas. Posiblemente se pusieron de acuerdo para sellar este pacto: como la ciudad de Tánger, nunca desvelarían su misterio.

Jane dejaba escapar las oportunidades por su falta de decisión. Si la invitaban a una fiesta, podía pasarse más de una hora dudando entre elegir un vestido u otro. Yvonne Gerofi fue testigo de uno de esos momentos de indecisión, pero Paul recuerda mejor los hechos. En una carta dirigida a sus padres Rena y Claude, él les habla de una fiesta, al estilo de *Las mil y una noches*, ofrecida por Bárbara Hutton. Estaban invitadas doscientas personas, y muchas de ellas venían de Londres y París. Paul comenta: «Como recibimos una invitación, decidimos asistir. Jane se pasó toda la semana pensando en el traje que iba a llevar. ¡Cuánta agitación! Os lo podéis imaginar. Anne Harbach la aconsejó sobre la elección del traje de noche. Aun así, Jane seguía dudando si asistir a la fiesta. Cambió de parecer por lo menos veinte veces, y se lo consultaba continuamente a Anne por teléfono. Finalmente fuimos y todo salió bien».

Jane barajó durante seis meses si era buena idea mudarse a Tánger para vivir con Paul, hasta que acabó por decidirse. Llegó el 31 enero de 1948, acompañada por Jody, su nueva amante. Jane tenía miedo de lo que le podía suceder aquí, por la reputación seductora y a la vez aterradora de la ciudad. ¡Tánger-peligro!

No podemos olvidar que Jane estuvo demasiado mimada por su madre. Con diecisiete y dieciocho años, aún le elegía la ropa; la vestía a su gusto. La malcrió hasta el punto de destrozarle la vida. «Pero si la sal se vuelve sosa, ¿con qué la salarán?» (San Mateo, 5, 13)

En definitiva, todas sus relaciones han sido una mera ilusión. Le costaba separar lo real de lo imaginario. Jane era singular en su estado anímico y sus creencias. Para ella, la gente que se cruza en tu vida no siempre permanece. La vida sexual que mantenía con las mujeres, fuesen de su país o extranjeras, era profunda y liberal, mientras que con Paul no quiso mantener relaciones antes del matrimonio. Después las tuvieron durante dos años y medio, para acabar refugiándose cada uno en su propia sexualidad: vivieron juntos y distantes el uno del otro.

Jane se topó por primera vez con Paul una tarde de noviembre de 1937 en Nueva York. Lo primero que la sedujo fue su dulce sonrisa. Paul estaba en Harlem, donde se reunía con unos muchachos para fumar marihuana. Desde aquel instante se convirtió en su enemigo, un enemigo bien amado. No tardaron en casarse, un 21 de febrero de 1938. El matrimonio fue desaprobado por la madre de Jane, que era judía y pretendía para su hija un marido que también lo fuese. Para su desgracia, su hija era antisemita. En cuanto a Paul, se casó con Jane para contrariar a su padre, antisemita él también. Si el escritor Norman Glass[30] denunció, no sabemos si en serio o en broma, a su propia madre por ser judía, Jane optó por alejarse de la suya.

Jane estaba acostumbrada a hablar y pensar en francés (lengua que Paul también dominaba). Y en francés escribió su primera novela, *Le Phaéton hypocrite*. Se rumorea que este texto se extravió, pero es posible que la misma Jane, movida por el impulso que la obligaba a destruir todo lo que escribía, se deshiciera de él.

Se pasó la vida desafiando todos los usos y costumbres, pero cuando su larga enfermedad pudo con ella, cuando su agotamiento no le permitía sobrellevar las decepciones literarias y sentimentales, abrazó la cruz e imploró la absolución. Paul me contó que estaba al borde del coma cuando la obligaron a hacerlo.

Lo que destruyó a Jane fue su nihilismo, la determinación de satisfacer su lado masoquista: el placer de crear algo para después acabar destruyéndolo, porque jamás quedaba satisfecha con el resultado. Para ella, está todo por realizar porque el día a día no tiene mucho que ofrecer, ni distracción ni consuelo. Cuando escribía, Jane no imitaba, sino que creaba; de ahí que a menudo fuese incapaz de terminar lo que había empezado. En cuanto a Paul, él mismo reconoce que no revisaba demasiado lo que escribía. Lo más extraño de Jane era cómo convivían en ella la autodestrucción y su gran pasión por la vida. A él, en cambio, le bastaba con su pesimismo, sentimiento que considera inherente al hombre, al contrario del nihilismo. Pero, claro, es que Paul es escéptico hasta la médula.

Si la voluntad de Jane era la de estar poseída por la escritura, ella no llegaría nunca a ser capaz de conquistarla y dominarla de acuerdo a sus deseos. Desde luego, no luchó lo suficiente por demostrar su talento, como sí hizo Paul, y prefirió dejarlo en manos de sus amigos e incluso de gente desconocida. Cuando apenas cogía el hilo de *Ariane*, se le escurría de entre las manos. Lo que le faltaba no eran aptitudes, sino perseverancia y tenacidad como para no moverse ni de día ni de noche de su mesa de trabajo, como hicieron Colette, Simone de Beauvoir, Yourcenar o Marguerite Duras. Sólo permanecía sentada en su silla cuando escribía largas cartas a

Paul o a sus amigos, quejándose de su pésima situación económica o del descontento que le provocaba su relación sentimental con Cherifa o de las mujeres de las que ésta se rodeaba para sacarle todo el dinero posible a la «impía cristiana», como solían llamarla.

Hay momentos en los que el llanto es amargo. ¿Qué se puede hacer por quien derrama lágrimas sin cesar? Dejar que llore todo lo que quiera. Cuando se canse, ya parará. No somos guardianes de los sentimientos humanos. ¡Que cada uno se destruya a su manera! Aún eres un niño rodeado de estímulos, insaciable, que practica el onanismo destructor. ¡No temas los reproches! Cantas y desapareces. Pintas y desapareces. Escribes, creas lo que deseas, y te vas. Por favor, ¡deja que el mundo siga su curso y no te molestes en averiguar cómo perpetuarlo! No hay esperanza en lo que se representa. Es verdad, nos sublevamos, pero no es suficiente para renovarnos como quisiéramos. ¡Podríamos ser infalibles si nos contagiásemos de la sabiduría de algún profeta!

Resulta que Jane Bowles sólo quería aquello que le rehuía, pero ¿fue la escritura la que se mostraba huidiza o era ella misma la que huía de la escritura? Parece ser que prefirió amar a las personas (el desmoronamiento) más que hacerlas el objeto de su creatividad (la inmortalidad). Como ellas, estaba a punto de caer derrotada, de morir sin dejar atrás ni rastro. No consiguió rebelarse contra lo insignificante de su propia vida y la de los demás. De no ser por su debilidad, habría sido capaz. Siempre invadida por sus emociones, prefirió resignarse.

Puede ser que sus frecuentes depresiones, sobre todo las derivadas de problemas sentimentales, le hayan envenenado la vida y contribuido a paralizarla, a consumirla hasta impedirle escribir. Eso la convirtió en un «genio incomprendido».

Jane se negó al sometimiento que implicaba ser disciplinada en la escritura, o quizás era incapaz de serlo. Paul, en cambio, se ha adaptado a las peores situaciones para poder escribir, como hizo con *Déjala que caiga*. A veces, situaciones que parecían aburridas, o dolorosas, o bien aquellas apremiantes, podían convertirse en un estímulo. En una carta dirigida a William Wright el 23 de julio de 1954, Paul reconoce que «el aburrimiento es quizás lo que empuja al hombre a rendir mejor en el trabajo», y luego añade: «Tengo la convicción de que se trata de eso: el hombre tiene que estar muy aburrido para que surja esa fuerte necesidad de evadirse».

Paul trabajaba a destajo en la época en la que aprendía pintura. Después pasó a la música, y de ahí a la escritura; «como un camaleón», reconoce el propio Bowles en una entrevista concedida a Ghila Sroka. Permaneció fiel al consejo que le dio Aaron Copland: «Si no trabajas a los veinte, nadie te querrá a los treinta».

En una entrevista hecha aquí, en Tánger, Chaker Nouri le preguntó:

—Me he dado cuenta de que tiene cerca de usted algunas de sus obras, ¿es porque las aprecia especialmente o es que las está releyendo?

—Están ahí porque lo están. Yo estoy aquí porque lo estoy, y no porque lo haya elegido. Quizás cuando se es joven se planean llevar a cabo muchos proyectos. Yo nunca hice proyectos porque estaba seguro de no poder realizarlos. He decidido dejar que la vida haga sus propios planes. Sin ir más lejos, hoy no tengo ninguno en mente. El próximo año cumpliré ochenta.

—¿Le gusta la soledad?

—No, me gusta el silencio. Es la razón por la cual rehusé vivir en Nueva York. Además, como bien sabes, para poder trabajar bien hay que estar solo.

Paul Bowles fue afortunado lejos del entorno familiar. Encontró a personas que le animaban y orientaban en sus creaciones, como Gertrude Stein, Aaron Copland o Virgil Thomson. En cambio, Jane cuando empezó a escribir no se encontró en su camino con gente de ese nivel. Se formó ella sola, fue autodidacta, y sufría mucho cuando tenía dificultades para encontrar las palabras, para componerlas. Rompía a menudo lo que escribía y lo hacía sin arrepentimiento, sin derramar una sola lágrima. Se alegraba en silencio por el aborto que acababa de provocar, consolándose a sí misma, pensando que quizás habría salido deformado. Y cuando se veía invadida por aquella impotencia para escribir, se refugiaba en el alcohol. Se podía beber una botella entera de ginebra ella sola en su apartamento, como en *El cielo protector*, cuando, en su cama, Kit se bebió en ayunas una de champán. Es obvio que Kit tiene similitudes con Jane. También podías verla deambular por los bares, errando de uno a otro, y mostrando una alegría sarcástica que llegaba a ofender o herir a aquellos que no la conocían. Estaba siempre dispuesta a romper las reglas. Sin lugar a dudas, como le ocurría a Paul, desde pequeña siempre fue más inteligente que los niños de su edad, una precocidad propiciada quizás por la muerte de su padre, cuando ella tan sólo contaba con trece años, y por su condición de hija única. Allen Ginsberg veía en ella inteligencia, timidez y respeto, le recordaba a Joan Vollmer, la mujer de Burroughs.

Jane tenía un miedo terrible a la palabra «inspiración». Le aterrorizaba la frase: «En el principio era el verbo». Cada palabra que escribía parecía estar coja, y se sentía culpable por ello, sin que pudiera alcanzar a definir ese sentimiento. Era autodestructiva por naturaleza, algo que condicionó su destino y la acompañó toda su vida.

Jane era muy pudorosa, de una timidez extrema. Cuando tuvo una úlcera de estómago, se negó a desnudarse ante el médico para que la examinase. Y si no quiso tener hijos quizás fue por no sufrir el dolor del embarazo, o del parto, o incluso por miedo a morir en él.

Era al mismo tiempo valiente y cobarde. Me viene a la mente en este preciso momento Edgar Allan Poe, que en sus obras despertaba a los muertos de sus tumbas, pero en su vida real el miedo le hacía incapaz de dormir solo en su cama. Jane Bowles era tan oscura como Poe, a pesar de no haber perturbado en sus escritos el descanso eterno de un solo muerto, ni haberlo sacado de su tumba. Necesitaba del alcohol o somníferos para poder dormir, incluso para coger el ascensor, las alturas le daban vértigo y bajar, allí dentro, era para ella como caer en un pozo sin fondo. También temía a los túneles, no veía el final, nunca parecía llegar la salida. Y qué decir del pánico al fuego, a los perros, a los cocodrilos e incluso a las algas marinas.

No llegué a conocer personalmente a Jane. Cuando Édouard Roditi me presentó a Paul Bowles, ella estaba terriblemente enferma y sólo aceptaba las visitas de sus amigos íntimos, pero Paul me habló mucho de ella, y también algunas personas que la conocieron bien, como Temsamani (antiguo chófer de Paul y Jane), Ahmed Yacoubi, Larbi Yacoubi[31] (actor y sastre especializado en vestuario), El Hamri[32] (pintor marroquí) y Mohamed Mrabet, que fue el mayor defensor de Jane. Según dijo Paul, Mrabet se ocupaba de hacerle a Jane la comida cuando estaba enferma. Al principio, ella insinuó en diversas ocasiones a Paul que podían prescindir de sus servicios, pero con el tiempo se hicieron muy amigos y se defendían mutuamente. Otros muchos me han hablado bastante de ella, como Brion Gysin, Emma, que era dueña de la piscina B.B.C. en la playa, Roditi y también Lilly, propietaria del bar Parade.

El lento suicidio mental de Jane la llevó al consumo excesivo de alcohol, a la ingesta de tranquilizantes y a la mezcla de medicamentos. Bowles escribe a Virgil Thomson: «Está convencida de que nadie puede diagnosticar su enfermedad y que el suicidio es la única solución». Por haber intentado despojarse del alma, ésta acabó con ella apuñalándola y devorándola hasta el tuétano. Según me comentó el mismo Paul, él nunca hizo la más mínima tentativa por convencerla de que renunciara a sus excesos, cosa que estuvo bien por su parte. Compartía su pena sin disuadirla de ninguna manera y aguantaba todos sus caprichos. Tampoco rechistaba cuando Jane firmaba cheques, con o sin fondos, a quien se lo pedía, o cuando dejaba cuentas pendientes en algunos bares, como el Parade, y Bowles las saldaba. Él, tacaño como es, que se prometió no pagar las cuentas de nadie más que de sí mismo, nada decía si se trataba de Jane. Paul reconoce que «ahorraba el dinero y procuraba gastar lo menos posible porque "pecunia non odor"».

La tacañería de Paul Bowles se manifiesta hasta en la calidad del papel que usaba para escribir algunas de sus cartas a Jane: un papel horroroso que ella odiaba, y así se lo dijo en el margen de una carta enviada desde París, a finales de 1950. Es verdad que Bowles vivió en la pobreza durante sus estudios en Estados Unidos, y luego al emanciparse de sus padres para ir a París, pero nunca llegó a pasar tanta hambre como para confundir la caca de un perro con mostaza, como le pasó a Henry Miller cuando estuvo en la capital francesa. Tampoco ha dormido en la calle, ni le han castañeteado de frío los dientes los meses de invierno como a Genet, que recorría los pueblos andaluces mendigando comida y buscando sin éxito un refugio para resguardarse. Paul Bowles ha tenido la suerte de encontrar siempre a un pariente o amigo dispuesto a hospedarle y echarle una mano. Es posible que heredara esa racanería de sus padres, que sólo le ayudaban cuando estaba al borde de la ruina. Sabemos que él adora el dinero e intenta arrimarse a quien lo tiene. Le gusta la buena vida sólo cuando no tiene que pagar por ella. Algunos dicen que lleva una vida «sencilla», pero ¿por qué no dicen que lleva una vida de avaro? A finales de los años cuarenta, aunque su situación económica había mejorado, vaciló mucho antes de comprar su primer coche, hasta que el diabólico Gysin le desafió a que se deshiciese del miedo a las penurias y a la ruina económica. Así fue como se compró un jaguar nuevo, descapotable, y para conducirlo contrató a Mohamed Temsamani, un chófer uniformado recomendado por la dueña del Hotel Villa Mimosa.

Con la mitad del cuerpo paralizada, Jane empezó a perder visión y a ver borroso, para acabar quedándose completamente ciega poco antes de morir. Jane encontraba siempre algún pretexto para evitar escribir. Quizás la indiferencia que los lectores mostraron hacia su obra *Dos damas muy serias*, unido a la indignación de su familia, que juzgaba la obra de vergonzosa, y al descrédito de la crítica, que la consideró estúpida y superficial, molestaron a Jane y acabaron afectando a su carácter susceptible.

Otra de las decepciones sufridas por Jane es la que cuenta Paul en una carta dirigida a Phil Nurenberg: «Un día recibió un sobre grande y excepcionalmente grueso. Dentro había ocho folios escritos a mano y firmados por Anaïs Nin. Era un listado con todas las faltas que Miss Nin había encontrado en *Dos damas muy serias*. Yo estaba indignado, mientras Jane no paraba de reír. Poco tiempo después, Jane y yo acabábamos de salir de una tienda de la octava avenida. Nevaba. Pretendíamos llegar a nuestra casa, en la décima avenida, en el mínimo tiempo posible, pero a la altura de MacDougal Street nos topamos con una pequeña mujer que enseguida se puso a hablar con Jane. Conversaron durante cuarenta minutos. Mientras tanto, yo plantado sobre la acera, con dos bolsas de papel enormes entre los brazos y la nieve que se me metía en los ojos. Aquella mujer era Anaïs Nin recordándole a Jane cada falta que le había mencionado en la carta. Cuando al fin se despidieron, yo grité irritado: "pero ¿qué quería, por el amor de Dios?" "¡Oh!, no gran cosa —respondió Jane—, simplemente hacerme saber que soy una escritora terrible."».

Bowles reconoce abiertamente que la presencia de Jane en su vida espoleaba su producción literaria, y asegura que, tras su muerte, no ha vuelto a escribir nada significativo. Pero Jane, que negaba ser la fuente de inspiración de Paul, siempre decía que «no debía haber dos escritores en una misma familia». Jane rechazó ser estímulo o émulo de Paul. No se sabe si con estas declaraciones ella quiso justificar su falta de inspiración. Era de una extraordinaria modestia, y mientras Paul se hacía cada vez más célebre por su trabajo de músico y conseguía un hueco en el mundo literario, Jane iba apagándose, sufriendo no poder realizar nada interesante, aunque sólo fuera para complacer a Paul.

Sentía una terrible envidia de Ahmed Yacoubi, aunque fue la propia Jane, estando en Fez con Paul, quien le animó a pintar, cuando éste aún no sabía ni cómo mezclar los colores. Yacoubi pintaba sin parar, mientras Jane era incapaz de hilar unas cuantas líneas de su nueva novela *Out in the World*, que empezó en París en 1950 y nunca llegó a terminar. *A Stick of Green Candy* fue la última obra que escribió, en marzo de 1949, durante sus vacaciones con Paul en el desierto argelino.

Jane entregó su talento a la vida, mientras que Paul empleó el suyo en las partituras musicales y en los libros, sin prestar atención a ninguna pulsión sexual, salvo a su amor por Jane. Y al tiempo que ésta sacrificaba la literatura, Paul consagraba su vida a la escritura, sin desvelar a nadie su misterio, incluso a veces ocultándoselo a sí mismo. Lo consiguiese o no, él intentaba observar el mundo sin ser visto. Dyar dice algo al respecto en *Déjala que caiga*: «Tenía siempre la misma actitud: no involucrarse, quedarse al margen de todo, estar presente en el mundo real pero sin llegar a formar parte de él». En cuanto a Rimbaud, impregnó su vida de literatura y, sin reservas, se dejaba la piel cuando escribía. Esto sólo lo hacen los tres o cuatro genios de cada siglo, según el testimonio de Céline. Los demás se limitan a contar cosas cuando escriben.

«Paul tiene una libido muy débil» o «Simplemente, el sexo no era importante para él» son las opiniones de su amigo Virgil Thomson, quien, como otros amigos de Paul y Jane, duda de que la pareja haya tenido alguna vez relaciones sexuales. Y Millicent Dillon[33] afirma al respecto que Paul le confesó haber tenido relaciones sexuales con Jane durante dos años y medio, y es que para Bowles el sexo no dejaba de ser pecaminoso. Además, siempre ha tenido miedo de que lo violen, sobre todo en un *hammam*, porque si a él le seduce la homosexualidad, es únicamente para sublimarla y hacer de ella una abstracción, una mera idea con el fin de escaparse de lo físico. En una carta dirigida a su amigo Bruce Morrisette escribió: «El tema de la homosexualidad me cautiva de la misma manera que lo hacen los crímenes sangrientos, las violaciones y las historias de drogadictos. Todos estos asuntos nos despiertan sentimientos porque tienen ese carácter melodramático. Son una lucha. ¿Quién no daría unos años de su vida a cambio de poder estrangular a alguien sin recibir castigo alguno, quedando impune [...]?».

Es así como concibe la sexualidad Paul Bowles. Y como es incapaz de hacer el amor de esa forma perversa, se oculta en su puritanismo, que se convierte en un auténtico caparazón. Estas inclinaciones se forjaron en su vida desde muy temprano. Así lo confesó, una vez más, en una carta dirigida a Bruce Morrisette el 20 de enero de 1930: «Soy muy perverso. Si me doy cuenta de que estoy haciendo algo con lo que la gente disfruta, me paso a lo contrario para molestarles. ¿Adolescencia? Más bien ira. Dirás quizás que esto contribuye al "panemocionalismo"[34] ¡Bravo! Si es así, todavía estoy a tiempo de ser normal (quiero decir, hetero u homo), pero, si no es así, tendré que vagar por la vida en busca de algo de lo que me enamoraré finalmente. Es muy probable que resulten ser los animales, pero esta elección será mala, porque se tratará de un vicio aún más pernicioso que la habitual indulgencia hacia los humanos. Desde hace tiempo, estoy convencido de que todo lo que toco se convierte en una suerte de vicio. No puede haber amor, afecto o ni siquiera algo de satisfacción "en mi vida". Todo lo que me gusta no puede ser sino vicio. Es verdad, te lo prometo. Que me peguen, por ejemplo, no está bien, pero es una delicia. Quemar bosques, maravilloso. Morderme para experimentar el dolor. Todo esto es más gozoso que llevarse mal con una mujer o un hombre. Y bien, *Dieu soit loué*, por lo menos soy anormal de una manera "diferente". Aunque esto haga de la vida un descenso directo hacia regiones indescriptiblemente profundas y turbias, no me puedo imaginar ninguna otra manera de vivir. Cada día me asemejo más a un trozo de carne que se va pudriendo lentamente. Mi cuerpo no significa nada. Tengo las mejillas enrojecidas, pero

¡oh! *dans mon coeur, la flèche est fixée*. Me gusta hablarte de ello. Es como explicar a un amigo un terrible accidente del que hemos sido testigos y no podemos olvidar. Contar la historia hace que revivamos la escena más intensamente, para después mitigarse. Sin embargo, aunque creamos que deleitándonos con su narración lo olvidaremos, más tarde, un sueño puede hacer resurgir el recuerdo y que revivamos todo de nuevo».

Paul Bowles da la importancia justa al lugar y a la gente, sin esperar que nada ni nadie le haga feliz. En *Déjala que caiga*, la madre le dice a su hijo Dyar: «En cuanto aceptes realmente que la vida no tiene nada de entretenida, serás más feliz».

El objetivo de Bowles es «revelar el arte y esconder al artista», como escribe Oscar Wilde en el prefacio de *El retrato de Dorian Gray*, pero llevando todavía más lejos esta idea: «Siempre he pensado que mientras el artista sea el enemigo de la sociedad, le interesa, por su propio bien, permanecer escondido el mayor tiempo posible y, por supuesto, no distinguirse de los demás. Siempre he tenido en un rincón de mi mente grabada esta máxima: El arte y el crimen van de la mano, inseparables, porque cuanto más prodigiosa sea la obra, más severo será el castigo que reciba». En una carta enviada a James Herlihy el 30 de abril de 1966, Bowles pisotea y escupe sobre cualquier virtud de la que se pueda vanagloriar un escritor: «Demasiada importancia se le da al autor, y muy poca al trabajo que hace. ¿Qué importa quién es y qué siente la persona que escribe, si es tan sólo una máquina de transmitir ideas? En realidad, ni siquiera existe. Se trata de un espía enviado a la vida por las fuerzas del más allá. Su fin es pasar información a ese otro lado, donde se encuentra la muerte. Una vez logrado el objetivo, se convierte en un personaje mítico: "Estuvo un tiempo entre nosotros, nos traicionó y cruzó la frontera con su material". No creo que el escritor pueda tomar parte en algo y, si lo pretende, es por pura mimética. Lo único que puede hacer es mantener la máquina en funcionamiento y aprender a manejarla sin que se note, sin torpezas. Un espía tiene que saber engañar y, en la medida de lo posible, permanecer en el anonimato». Esta misma idea fue manifestada por Rimbaud al principio de su juventud: «¡El autor, el poeta! Ese hombre no existe todavía». Dicho esto, el hombre debe elegir una forma menos ingrata de dejar constancia de su existencia: contribuir a perpetuar lo ya creado o, al menos, a preservarlo.

A Bowles no le faltaron agallas para inventar personajes y torturarlos sin piedad. En sus escritos les hace sufrir, para vengarse de todo lo que él mismo padeció en su infancia. Es una vía de escape para no volverse loco: enviar a los otros al infierno para hallar su propio consuelo. Todos debemos sufrir. ¿Y por qué no? Quizás sea una manera de vengarse de toda la humanidad.

Muchos son los occidentales y los americanos que opinan que, sin Paul Bowles, Tánger no sería lo mismo. Pero ¿de cuál hablan? Sin duda alguna, de aquel Tánger que Bowles y sus amigos han amado: el elegante y distinguido, el de la vida barata, aquel en el que el dinero iba en busca de la gente, y no al revés. Han olvidado que Tánger los creó y adoptó; pocos son los que han contribuido a enaltecerlo en la literatura y en el arte.

No olvidemos que hay lugares que favorecen la labor creativa de los artistas, artistas que, a su vez, pueden contribuir a enriquecer esos mismos lugares si consiguen alcanzar un cierto grado de talento.

En la portada de un libro de Bowles se recoge la siguiente afirmación de Peter Owen: «Paul Bowles conoce Marruecos mejor que los propios marroquíes». Del mismo Owen, se lee en *Paul Bowles visto por sus amigos*: «En 1962, mientras descansaba en Chefchauen con mi mujer, me encontré con un americano y coincidimos en que la obra de Bowles *El cielo protector* resume perfectamente Marruecos». Sin embargo, no precisa el nivel cultural de ese americano con quien se topó. Quizás era un simple turista, y no podemos basarnos en los argumentos de los simples turistas para juzgar ni a una sociedad ni a su cultura. Además, con todo lo que sucede en *El cielo protector* sólo nos hacemos una ligera idea de lo que es Marruecos. Owen debería haber mencionado el desierto de Argelia, lugar donde se desarrollan gran parte de los acontecimientos de la novela. Se equivoca de principio a fin. En relación a la biografía de Bowles, dice: «En mi opinión, Paul Bowles es demasiado bondadoso como para escribir una biografía sincera; no le gusta hablar mal de los demás». Pues bien, aquí, una vez más, le faltó decir algo así como «porque no le gusta hablar mal de sí mismo». Peter Owen tiene fama de no importarle que sus declaraciones sean estúpidas si con ello gana credenciales como editor, porque en realidad roba los derechos de autor, como me hizo a mí con *El pan a secas*. Los editores Miguel Riera Montesinos, Daniel Halpern de Ecco Press y Jeffrey Miller de la editorial Cadmus, son también unas sanguijuelas. Cuando mi agente le reclamó a Daniel Halpern los derechos de autor por la publicación de mi libro *Jean Genet en Tánger*,[35] traducido al inglés por Bowles, éste le contestó: «Los derechos están reservados para Paul Bowles. Chukri no es más que un analfabeto». Quizás Daniel Halpern no sabía, o prefería no saber, que existe un texto original y que está escrito en árabe.

Jane Bowles intentó, en vano, someter su talento al trabajo disciplinado de la escritura, pero su inseguridad le impedía realizar aquello que se proponía. Deseaba volver a los lugares que conocía, cuando ya estaba lejos de ellos. Estando en París sentía nostalgia por Tánger, en Sri Lanka añoraba México, y en Tánger, Nueva York.

Jane se caracterizaba por reírse de todo hasta en los momentos más tristes de su vida. Probablemente fue su manera de rebelarse contra el autoritarismo de su madre, y eso que ésta no fue tan violenta e ignorante como la madre de Rimbaud. Sin embargo, Jane sufrió durante toda su vida su tiranía, sin importar el hecho de que se encontrase en otro continente. En cuanto a Paul, lo planificó todo muy pronto para poder librarse de cualquier maldición familiar. Él fue más tenaz en su rebeldía contra el rígido autoritarismo de sus padres, sobre todo contra el carácter dictatorial de su padre, del que su madre también fue víctima.

En abril de 1948 Jane Bowles conoció a Cherifa.[36] Se la presentó Paul, que la había conocido en el mercado de grano. Cherifa vendía cereales en una tienda, que era más bien una madriguera por lo exigua y estrecha. Allí podías asfixiarte de calor durante el verano. Su físico inspiraba compasión. No era más que un parásito sin belleza ni encanto. Según cuentan los que la conocieron, era cruel y despiadada. En las cartas que envió Jane a Paul y a sus amigos, ésta se quejaba de su brutalidad, de su empeño en sacarle dinero y atormentarla con continuos chantajes emocionales. La dominaba tanto que incluso intentó obligarla a que ayunase con ella el mes de Ramadán, a pesar de su grave enfermedad. Segura de convertirse en una desgraciada sin ella, Jane la trató como si fuera su hija adoptiva, aunque tuviera la certeza de que en realidad estaba cuidando de un cuervo. Pero eso nunca le importó, y es que era una compasiva testaruda. Para Jane, el encanto de Cherifa residía precisamente en su fealdad. En este sentido, ella, igual que le ocurría a Paul, se sentía siempre atraída por el equívoco, por lo enigmático; lo que inspiraba rechazo en los demás era motivo de atracción para ella. Quizás fue ese enigma lo que hizo que su relación sentimental con Cherifa durara mucho más que las anteriores. Cuando la descubrió, allí metida en aquella madriguera, Cherifa era una mujer cansada, envuelta en un atuendo campesino, vestía una *chachía*[37] tan grande como una rueda de coche, así que Jane sintió una enorme compasión por ella que la llevó a amarla con locura. No hay cosa más sentida que el amor entre dos mujeres, y el de ellas era un amor terco, agotador y luchado; puede que incluso mortal. En cualquier caso, una fatalidad necesaria. Ese tipo de amor no requiere de argumentos ni de testigos.

De los marroquíes que conocieron a Cherifa, todos la consideraban una auténtica bruja; una bribona capaz de envenenar a alguien, según Mrabet. Ahmed Yacoubi compartía esta opinión, y afirmaba que Cherifa le echaba maleficios a Jane. La propia Jane encontró un día debajo de su almohada pelos, coágulos de sangre y uñas envueltas en un trozo de tela.

Paul piensa que fue ella quien envenenó a su loro y que tanto su mujer como él correrían tarde o temprano la misma suerte.[38] La risa de Cherifa era lo que más asustaba a Bowles, una risa que al estallar dejaba entrever un diente de oro. Los extranjeros que vieron a Cherifa en compañía de Jane, la calificaron de estúpida, fea y maligna. Pero es pertinente que, a continuación, nos preguntemos lo siguiente: ¿Acaso Jane se sintió alguna vez atraída por algo bello o interesante?

Jane Bowles dedicó su vida a intentar destruir todo lo que le interesaba, ya fuese a ella o a los demás. Se castigaba a sí misma, mientras que Paul, el sadomasoquista, la emprendía con los personajes de sus libros.

Estoy seguro de que en la vida real, Paul Bowles no ha matado ni torturado a nadie, pero en sus libros, sirviéndose de la ficción, no se privó de nada. Si sus fantasías no igualaron a las del marqués de Sade no es porque no se viera tentado por ellas, sino porque era incapaz. De haber podido, no sabemos lo que habría escrito, cuando, para él, la sexualidad siempre va ligada al crimen y al desenfreno. Al no poder criminalizar la sexualidad, la desterró de su vida sin remordimientos. Paul Bowles es un criminal sexual en potencia.

Cuando se mencionaba el término «felicidad» en presencia de Jane, ella se reía, sin llegar a dar crédito:

«¿La felicidad? ¿Qué es la felicidad? ¿Dónde está esa felicidad?», preguntaba con tono irónico. Y, claro, nadie osaba contestar. Tenía un desconcertante sentido del humor. Es importante tenerlo en cuenta a la hora de leer sus obras.

Cuando Paul se enteró de que el grupo Le Sorano, del Teatro Nacional de Toulouse, iba a presentar *In the Summer House*,[39] en su versión francesa, envió una carta a los representantes de la compañía advirtiéndoles: «Si os lo tomáis todo en serio, perderéis a Jane. No olvidéis nunca el coqueteo-jugueteo que ella se trae».

Mrabet detuvo su coche frente al bar Le Monocle. Bajé de él; era cerca de la una de la madrugada. Me crucé con algunos espectros humanos; ya no me fío de los insectos de la noche. Veníamos de una cena ofrecida por Claude Thomas en su antigua casa de La Montaña.[40] Paul siempre se extasía con la música y la danza de los Gnawa.[41] Describe la sensación diciendo que «lo más importante es sentirte poseído, ya sea por dios, como es el caso de los negros centroafricanos, o por un santo, como ocurre aquí, en Marruecos, o también en Argelia. Invocan al santo, suplican y bailan al mismo tiempo. La música invita a la danza, les hace entrar en trance y acaban por perder el conocimiento. Es indispensable este desvanecimiento para que el santo pueda tomar a la persona y poseerla, aunque no siempre da resultado. A veces ruedan por el suelo, intentan abrir su alma para recibir al santo, pero no pasa nada. Gimen y lloran; los incrédulos como usted y como yo no podemos alcanzar este estado. ¡Es imposible! Sólo un musulmán puede hacerlo. Hay que tener fe, esa que te permite entrar en trance e invocar al santo. Si no eres musulmán, en lugar de pedirle auxilio te burlas de él. Pero ellos sí lo son, cada uno tiene su santo predilecto, y lo invoca para que acuda a él. Y cuando todo acaba, cuando el hombre o la mujer terminan el *Radh*,[42] ese violento baile les hace caer generalmente inconscientes al suelo. Al volver en sí, se sienten muy bien como si tuvieran alas. Si nos atenemos a los beneficios psicológicos, éstos son muy positivos. ¡Algo realmente eficaz!»

Mrabet sí participó en el baile, hasta entrar en éxtasis y desvanecerse. Roza la perfección con todo lo que se le da bien. Yo me limitaba a mirar, porque soy incapaz de hacerme notar, de participar en este tipo de fiestas. La mía es otro tipo de enajenación: ser invisible cuando algo no me incumbe, un testigo ausente de aquello que no me interesa.

Un día, volviendo a Tánger en tren desde Rabat, vi a un risueño pastorcillo que, mientras guardaba tres ovejas, agitaba graciosamente la mano para saludar al tren que pasaba a toda velocidad. Sin duda, muchos viajeros vieron al muchacho al otro lado de la ventanilla. Incluso es posible que alguno le sonriese sin que el pastorcillo pudiera darse cuenta. No sabemos si, desde algún vagón, un niño de su edad le devolvió el saludo con la misma alegría. En cualquier caso, ¿cuál era la intención de aquel pastorcillo?

Las cuatro de la madrugada. No me queda nada en los bolsillos y abandono el bar Le Monocle. Percibo un aroma de mujer, pero esta noche mi olor no se mezclará con el de ellas. Tengo ganas de exiliarme, lo más lejos posible. Quiero huir hasta de mi propia sombra.

«Siempre me han entristecido las veladas hermosas», me confió Adonis (Ahmad Said) mientras paseábamos por las calles de Turín. Me hablaba de las guerras entre religiones. Durante nuestra visita a las iglesias, le insistía a Adonis para que tomásemos un trago en alguna parte, y esperar a que Édouard Al Kharrat[43] y su mujer acabaran sus rezos. Teníamos también la intención de visitar el museo donde se conservaba, según se dice, el sudario de Jesús. Sin embargo, no pudo ser, porque el amigo que nos acompañaba se quedó prendado de las piernas de una joven y acabó por desaparecer con ella. Acabarían presumiblemente en algún lugar donde poder hacerse carantoñas, susurrarse algo, besarse y quizás…

Entramos finalmente en un bar. Adonis sentía no haber podido ver el santo sudario. «Escucha Mohamed —me dijo— las guerras entre religiones han causado mucho más daño que los conflictos políticos y financieros».

En la penúltima copa, le rogué que me escribiera aquellos versos que hablaban de la beduina anónima, esos que me había recitado en Alba:

> *¿Qué culpa tiene mi camella Arabia*
> *si el destino la ha traído hasta aquí*
> *por caminos lejanos y oscuros?*
> *Al mencionar el agua de Udaib*
> *y el frío de sus guijarros al final de la noche,*
> *siente nostalgia.*
> *Suspira al atardecer*
> *y suspira al alba,*
> *y si no fuera por los dos suspiros, enloquecería.*

Nos desquitamos Adonis y yo maldiciendo al «chivo» y a la «cabra» por habernos privado de ver el santo sudario. «Seguro que ahora están haciendo el amor», pensamos los dos.

Doy tumbos de vuelta a casa, y deliro. Veo una botella vacía, empiezo a darle puntapiés hasta que llego frente al local de Radio Tánger. El ruido de la botella resuena sin parar. Es el eco de mis propios pensamientos. Al pasar por delante del local, el portero de Radio Bar le dice a un amigo, sentado a su lado en el umbral: «¡Pobrecillo! ¡Los libros y el alcohol le han vuelto loco!».

Para consolarme y hacer oídos sordos a lo que escucho a mi alrededor, para olvidarme de todo, me digo:

«Ninguna vida es más bella que otra, ya se vea envuelta de cordura o de una dulce locura, de sobriedad o de una consoladora y confortable borrachera. Maldita sea la noche llena de culpas y de tristes desechos abandonados en un día tórrido. ¡Qué silencio invade el reino del ruido! ¿Quién va a despertar ahora la cólera de mi pobre perro Juba, ya manso y silencioso? ¿Acaso los ladridos de otros perros? No, de ninguno. Todos le tienen cariño».

En el fondo, puedo considerarme un privilegiado en comparación con los que duermen en este momento. Suena la música de Eric Satie en la madrugada, mientras unas gotas de lluvia van cayendo, deslizándose de hoja en hoja. Hoy cada uno va a lo suyo. Nadie pregunta por nadie. Por suerte, esta noche no soy como Nelson Dyar[44] ni como su víctima.

Paul Bowles, al hablar sobre las drogas, dice: «No puedo estarme quieto. No puedo permanecer sentado. Es imposible. Necesito moverme, pero quiero escribir. Entonces fumas, te relajas, y ni siquiera te apetece salir a dar una vuelta. Te quedas ahí, donde estás, concentrado en lo que haces. Es normal. Por lo general, nunca fumaba antes de haber comenzado a escribir. No solía hacerlo, pero me funcionaba si quería permanecer concentrado. Me facilitaba la tarea. La gente no comprende este proceso. Se piensan que fumamos kif para tener alucinaciones, y así aprovechar esas ideas para escribir.

Pero el kif no viene a darnos nada, como mucho nos ayuda a rescatar las ideas que descansan en nuestro subconsciente. Pero realmente no son ideas nuevas, porque ya existían. El kif no contribuye a la creación de nada ni puede producir nada. El kif no tiene esa capacidad. He intentado muchas veces explicar esto a periodistas y a críticos, pero la mayoría de ellos no lo entiende». En una carta dirigida a Alec France, le comentó: «Mi novela *La tierra caliente* fue enteramente escrita bajo el efecto del kif, y si no me equivoco, también *La hiena* y *El jardín*. Esto no quiere decir que haya fumado siempre al escribir otras obras».

Dos tipos me abordan cerca de mi casa. Dejo que me cojan el reloj sin ofrecer resistencia alguna. Uno de ellos tiene una risa sarcástica y burlona. Son dos pordioseros. Me da igual, ellos ganan. Ya no tengo fuerzas para defenderme. Pienso: inútil pedir auxilio al portero del Café Roxy, es viejo y está dentro del local, posiblemente durmiendo. Hace guardia en apariencia, pero es un simple figurante, un espantapájaros de carne y hueso, nada más. Una vez, un sereno del barrio vecino persiguió a dos ladrones que intentaban robar un coche. Pues bien, volvieron al día siguiente, pero esta vez eran cuatro. Lo ataron de pies y manos, le llenaron la boca de papel y le metieron su propio *sebsi* por el culo. Ésta es una de las razones por las que la vigilancia que hay en mi barrio sea de «¡mira y calla!».

Los dos rateros siguen desvalijándome. La oreja de uno de ellos queda al alcance de mis dientes; si la muerdo, me dejan como un cromo, y si se la arranco, no paso de esta noche. Además, ronda por mi cabeza la historia del *sebsi* y la boca atiborrada de papel. Les dejo que se lleven lo que quieran. No son más que dos adolescentes adictos al pegamento; la alegría de sus risas lo atestigua. Necesitan mi reloj más que yo. Los cabrones se ríen mientras se alejan. Les envidio. Experimentamos placer cuando robamos. Ya lo comprobé cuando participé en el atraco de una tienda de Trankat.[45] En aquel entonces, no se llenaba la boca de papel, ni se le metía a nadie el *sebsi* por donde no se debía. El robo tenía sus reglas y su decoro. Nada de navajas, nada de cuchillos para amenazar o apuñalar a alguien. El ladrón, en cuanto es sorprendido, echa a correr, y por su bien que sea más rápido que el viento.

Un poeta marroquí me regaló el reloj que me acaban de robar. Cuando la noche es de los pobres, los ladrones no entienden de poetas ni de regalos.

Subiendo la escalera, me resbalo y me hago daño en la pierna. ¡No hay electricidad! La cortan para ahorrar energía y, como no veo nada, termino chocando contra un cuerpo. ¡Es ella otra vez! ¡Esta noche está de nuevo aquí! Se suele echar a dormir entre mi puerta y la del vecino, esperando a que yo regrese. Lleva un pantalón vaquero y un abrigo corto. De no venir borracha o drogada no podría dormir en un suelo tan frío. Siempre que la encuentro ahí echada, tengo que pasar por encima para entrar en mi casa. Hoy no la hago pasar. Ya he tenido mi dosis de desamparados.

Me quedo dormido; luego me despierto y apuro la última gota de vino que quedaba en el vaso. Ahora ya no tengo reloj ni manecillas. Me viene a la cabeza la camarera del bar Maroc. La conocí en una época en la que hacer el amor con ella era mejor que masturbarse. Hoy día, prefiero lo segundo. ¡Malditas! Sólo se calman cuando la vejez empieza a acecharlas. Vienen a dormir al descansillo de tu puerta y te esperan como diciendo: «¡Cuando quieras cariño!». Sin embargo, es tan difícil envejecer juntos. Cada vez que veo a esta camarera me entran, sin venir a cuento, unas ganas terribles de estrangularla. Quizás sea porque es muy malhablada. Sería maravilloso poder presenciar cómo sus ojos salen de sus órbitas por la fuerza de mis manos y el peso de mi cuerpo. Mi placer iría en aumento si además comprobase que intenta librarse desesperadamente de mis manos, o que ansía respirar aunque sea sólo un poco de aire. Me imagino que la suelto, privándola de mi calor humano, y entonces ella al fin respira, a duras penas, y cae al suelo, agotada, quedando como un pez inerte sobre una playa desierta. ¡Qué alivio!

Los estúpidos rostros de muchas de estas sombras me invitan a cometer este tipo de crímenes imaginarios. ¡Por Dios, cuántos delitos he cometido en mi imaginación! Estas fantasías me libraron de llevarlos a cabo en la realidad. No sé por qué, pero uno se convierte a veces en un delincuente.

Medito con la mirada fija en el techo. Es también el techo del más allá, la morada del futuro eterno. Ya no me queda nadie en Tánger. Un hormiguero que me es totalmente extraño. Una invasión de «tártaros» y «mongoles» ha vencido y aniquilado a sus héroes nocturnos. Me viene a la cabeza la imagen de Rachida *la Hashasha*.[46] Ha caído en la locura, y ahora deambula por las calles descalza o con sandalias de plástico, y una chilaba sucia y llena de agujeros. Entre el dedo índice y el anular anida la suciedad, de un amarillo oscuro, casi negro. Sólo entra en un café o un bar para pedir cigarrillos. Un día nos cruzamos por casualidad y dejando entrever una dentadura deshecha, absolutamente destrozada, me dijo: «Si te hubieras casado conmigo, no me estarías viendo ahora en este estado». Mientras le tendía algunos cigarrillos y un poco de dinero para que se comprase algo de comer, pensé: no podemos salvar a todos aquellos que queremos. Una ha perdido la cabeza, la otra se ha casado con alguien que está en la cárcel y la de más allá se ha divorciado de un marido que acabó arruinado por el juego y el alcohol. Hay otra que ha envejecido pidiendo limosna en silencio y sin tender la mano. También está aquella que agonizó y murió sola, sin que nadie estuviera a su lado para mojarle los labios secos cuando tuvo fiebre, o pasarle una esponja por su frente. Todas son unas desgraciadas. Se aferran, desesperadas, a un sueño imposible, o bien se hallan en pleno sueño eterno de la nada más absoluta.

Estoy cansado de la noche de Tánger y de su mito obsoleto. Estoy disgustado por lo que queda de criminal en ella. Estoy tan harto que por la mañana ya no devuelvo más que bilis. Aunque la noche de Tánger es como el canto de las sirenas; no sigue las reglas del viaje *odisiaco*. Es como el reloj sin manecillas que gobierna el tiempo de mi abuela Rqiyya, y también el de mi tía Fatma (Baltha para los rifeños). Las abuelas y las tías se parecen... No quiero regresar a la época en la que apoyaba mi cabeza en el seno maternal, bastante tuve con un destete precoz. No puede haber rivalidad por la supremacía intelectual entre el hombre y la mujer. Cada uno tiene su propia capacidad. Se funden el uno en el otro. Es la ley de la pasión mortal. Hoy día, cada uno comulga con su soledad. Loco es el alejamiento; bello el acercamiento. Mis citas las tengo siempre al anochecer, nunca con sol. Los miopes lo necesitan más que yo.

El silencio se rompe y el techo de mi casa retumba. Una vez más, un cortejo nupcial, con acompañamiento de trompetas, se va desplazando lenta y ruidosamente. Aquí, la quietud de la noche siempre es mancillada por la música de una boda o por la sirena de un barco que atraviesa el estrecho. La primera manifiesta la voluntad de dos personas de resistirse a la soledad, y la segunda anuncia el viaje hacia algún mundo desconocido, llamando a la tentación de la aventura. Tú quisieras no oír nada, ni siquiera el canto de tu propio ruiseñor. Pero ahí vienen *Aljouka*[47] y *Aljouk*,[48] ensordeciendo, rompiendo la calma. El silencio del ermitaño ya sólo es puro recuerdo. Tu silencio. El silencio de tu techo. El silencio del silencio. El techo es tuyo y nadie comparte contigo su contemplación, ni la meditación que te brinda. Volver a ser uno mismo cuando terminas de trabajar. ¡Cómo detesto a las personas que se llevan consigo el trabajo allá donde van! Desátate, despréndete de todo, rebélate contra el patrón. Que nadie comparta contigo tu techo. No te pongas la zancadilla tú mismo. Tómate un descanso incluso de ti. No le abras la puerta ni siquiera al más querido. ¡Qué aguante el más callado y solitario!

Las veces que le preguntaron a Paul Bowles por los motivos de su matrimonio con Jane, él contestaba: «Para librarnos, yo de las mujeres y ella de los hombres». Sin embargo, Paul niega haber dicho una cosa parecida, y se lo atribuye a las malas lenguas.

Paul llevó su homosexualidad con discreción y esquivó siempre las preguntas relacionadas con el tema, mientras que Jane se vanagloriaba de serlo. Desde el principio, acordaron no ocultarse nada. Cada uno conocería al amante del otro, aunque Paul ha sido siempre más recatado que Jane. Después de años de convivencia en común se separaron. Ninguno de los dos supo quién dejó al otro. Sus rupturas, que podían durar más o menos tiempo, fueron probablemente de mutuo acuerdo, y eran una mera fórmula para echarse de menos. De vez en cuando, yo también me concedo este alejamiento de mis allegados, e incluso del mismo Tánger. Cuando no encuentro la ciudad dentro de mí, la busco fuera, pero de ninguna manera puedo prescindir de ella. ¡Cuántas veces he viajado fuera y dentro de Tánger! A veces sin rumbo fijo. He dejado en ocasiones mi apartamento y me he instalado por un tiempo en un hotel. También me he pasado meses sin pisar algunos barrios, e incluso años.

Se sabe que fue Jane quien más se resistía. Ella lo ponía más difícil para solucionar las cosas con Paul, y siempre era él quien acababa cediendo. Creo que nunca amó a nadie tanto como a Jane, si es que realmente ha amado alguna vez. Su declive creativo empezó con la enfermedad de Jane. Cuando ella murió, envejeció rápidamente, y se volvió soberbio, escondiendo por orgullo su melancolía.

Jane dudaba mucho antes de tomar una decisión, pero, una vez se decidía, se mostraba más fuerte en sus convicciones que Paul. Cuando se separaron, ella escribió una novela sobre una mujer que abandona a su marido, y él sobre un marido que abandona a su mujer. ¿Habrá sido un coqueteo con el existencialismo literario? Era otro secreto más que compartían, como los que concernían a su vida en común. A veces, Jane detestaba lo que le apetecía a Paul, y sólo quería aquello por lo que él sentía animadversión. Así que, ella vivía en una continua rabieta, y además tenía que aguantar los comentarios de los que la ridiculizaban a su alrededor. A pesar de ser tan mordaz, conservaba la estima de su entorno.

Sabemos que Paul era más fuerte que Jane para afrontar sus propios tormentos, y es que desde su niñez aprendió a templarlos. Es como una roca. Aunque por dentro esté sufriendo, se resiste a quejarse. Agradece la ayuda de los demás en los momentos difíciles, pero prefiere superarlos él solo. El trabajo era su refugio, una escapatoria que le ayudaba a seguir adelante. Jane, en cambio, fue un volcán en ebullición. Iba con sus quejas a todo aquel que tenía cerca, fuese o no conocido. Estaba invadida por el violento deseo de mitigar su dolor, para así no verse humillada por éste. Afirmaba: «Estoy permanentemente a un paso de la desesperación». Lo pecaminoso, el sentimiento de culpabilidad, el placer de sufrir sin pena, la separación, la ambición de intentar realizar aquello de lo que no era capaz, tanto en la escritura como en el amor, y, además, el miedo al aislamiento, la perseguían y le provocaban pesadillas. Se podría decir que era más desgraciada que Charlotte Brontë.

En una carta enviada a Libby Holman desde Tánger en diciembre de 1948, Jane escribió: «Podría conseguir alitas y cabezas de pollos por un penique la pieza, pero no tengo a nadie con quien comerlas. Entonces, ¿para qué voy a comprarlas? Estoy destinada a no tener a nadie con quien comer, salvo contadas noches».

Así era Jane de quejica. A Paul, sin embargo, le gustaba el silencio. Jane intentó ser siempre ella misma, pero no lo consiguió. ¿Se trataba de cobardía? Jane era capaz de estrangular una cobra. ¿Timidez? Sin duda. Su generosidad no tenía medida con aquellos que le pedían ayuda, mientras que Paul estaba lejos de ser generoso. Lo único que le importaba era que las cosas marcharan sin él. Se mantenía al margen de todo. No quería ni ver ni ser visto para eludir ser testigo. Para Jane, todo fluir debía ser dulce y amable porque la vida es frágil. Paul seguía siendo para ella su adorable enemigo, por su fuerte carácter, por su constancia en el trabajo. Ambos sacaban fuerzas del otro, pero cada uno a su manera. En este intercambio mutuo, Paul siempre salió ganando, mientras que Jane, aferrada a él, se contentó con compartir su alegría. A veces ella decía que «no hay nada repugnante en los hombres», y otras veces que «hay algo repugnante en las mujeres». ¿Acaso buscaba complacerle? No cabe duda de que se querían, cada uno a su manera, sin tapujos o en secreto. Paul reconocía que en ocasiones no sabía con exactitud lo que hacía o qué pretendía expresar, y es que Jane le atrapaba en el círculo de indecisión que creaba a su alrededor. En sus escritos, ella le sacó siempre partido al lado equívoco de las mujeres, y Bowles aprovechó igualmente el de los hombres. Era evidente que Jane y Paul eran antes que nada amigos, y lo que buscaba el uno en el otro era esa idea que tenían, ella de los hombres y él de las mujeres. Es probable que Bowles se casase con Jane por su inteligencia y talento, pero, a medida que iba perdiendo estas dos cualidades, su interés por ella perdía fuerza. Desde su soledad, ella lamentaba el distanciamiento, pero ante todo quería estar lo más lejos posible de los volcanes, de los túneles, de los perros vagabundos, de los violadores, de los ligones y de todos aquellos que pretendían hacer el amor con ella, por muy amables que fueran. No hay que olvidar que heredó de su familia una moral rígida, de la que siempre quiso desprenderse pero no pudo. Cuando Jane conoció a Paul, le dijo textualmente: «No quiero acostarme contigo antes del matrimonio. Quiero casarme virgen».

Este deseo expreso permanece, hasta hoy, como un enigma en su relación. Jane no quiso mencionar, en este sentido, que antes de conocer a Paul, y cuando sólo contaba con doce o trece años, se había dejado desvirgar por sus amigas lesbianas. La voracidad con la que se entregó a las mujeres no era comparable al sentimiento de Paul hacia los hombres. Fue su destino. Ninguno de los dos supo jamás dar una explicación clara sobre sus inclinaciones sexuales, pero se amaron sin llegar a encontrarse. Pudieron abrazarse, acariciarse y coquetear en su vida íntima; pudieron ser confidentes, o compartir recuerdos, pero no los evocaban de la misma manera. Tan sólo una única cosa les unía: una idéntica pasión por la ilusión. ¿Cómo fue posible esta compenetración tan íntima y secreta? La respuesta sólo les concierne a ellos, que pasaron su vida prendidos a esa ambivalencia que les caracterizaba, hasta la muerte de Jane. Y Paul no se arrepintió de aquella convivencia que la sociedad de su tiempo no entendió. No obstante, aunque Jane fue, de los dos, quien superó más obstáculos en su vida, Paul salió ganando por no sufrir con la intensidad que lo hacía ella.

Es conocido por todos que el deseo sexual que tiene Paul es escaso, y hasta él mismo lo reconoce abiertamente. Un día se lo pregunté:

—Señor Bowles, ¿sigue practicando el sexo a su edad?

—No he hecho el amor desde hace más de diez años —me contestó.

Esto pasó a finales de los años setenta y sabemos que hasta los diecisiete años de edad, Paul Bowles no diferenciaba un hombre de una mujer.

Paul y Jane siguieron escribiendo, inspirándose el uno del otro, hasta que Jane, vencida por la enfermedad dejó de escribir. Llegó a tal estado que ni podía soñar para escribir ni escribir para poder soñar. Hasta el soñar por soñar la abandonó.

Tras la muerte de Jane, Paul se volcó en las traducciones, en los reportajes, en las entrevistas y en la redacción de un diario personal. También escribió algunos poemas, pero de poca importancia. Si Gertrude Stein hubiera estado viva seguramente le habría disuadido. ¿Quién dijo que sólo los poetas pueden dedicarse a la poesía? Y es que la verdadera poesía conecta lo sublime y lo mundano, es intermediaria entre Dios y el hombre. En una carta enviada a Allen Ginsberg y Peter Orlovsky el 2 de agosto de 1962, Bowles habla de los textos que adaptó del árabe dialectal al inglés: «Haciendo este trabajo, siento un placentero descanso, aunque soy consciente de que también se trata de una manera indirecta de crear».

Jane sólo tuvo amores pasajeros, probablemente debido a sus cambios de humor. Alejaba de su lado a todo aquel que le ofrecía un amor profundo y sincero, porque con la estabilidad se acentuaba su angustia y su aburrimiento. No hablo de Cherifa ni de Titoum, para las que Jane no era más que la gallina de los huevos de oro, una impía a la que había que desplumar. Con Cherifa, Jane tan sólo conoció un año de placer sexual, como ella misma reconoció a David Herbert. Pasaron también por su vida mujeres americanas, con las que tuvo aventuras efímeras, y de las que sólo quedaron meros recuerdos. En cuanto a Zohra *la Gorda*, no era más que una amable prostituta traída para Jane de un burdel del barrio Bencherqui.[49] No supuso nada en su vida porque no era más que una chica guapa con la que pasar un buen rato. Era muy amable, alta, gorda, y glotona. Su presencia infundía respeto, aunque era totalmente inofensiva; no era de esas que hacía imponer su autoridad. En el burdel, su chulo era conocido por su brutalidad sin compasión. Estas relaciones, que Jane mantenía para apaciguar su nerviosismo, molestaban mucho a Paul.

Con todo lo que Jane amó, nunca fue correspondida de igual manera. La decepción le llegó tanto por sus relaciones amorosas como por el anhelado éxito en la literatura. Ésa fue su tragedia, y nadie pudo ir en su auxilio porque rechazaba toda ayuda. Quiso hacer de su vida una aventura literaria, pero el entorno hostil en el que vivió acabó por cortarle las alas. Nunca supo cómo deshacerse de los complejos heredados de su familia, esos que la perseguían allá donde iba. Nadie la detestó, en el sentido estricto de la palabra, ella misma consiguió odiarse. Jane alimentaba la sensación de que nadie la amaba. Estaba sometida a todo lo que dictaba su madre. Paul, al contrario, tuvo el coraje de arrojar esa dependencia familiar a la basura. Él supo sacar provecho del sufrimiento, del exilio y de los viajes; es realmente autodidacta, se forjó a sí mismo, mientras que Jane siempre necesitó de los demás para superar alguna de las desgracias cosechadas durante sus aventuras. En las cartas dirigidas a Paul y a sus amigos, no paraba de quejarse de su soledad y de su incapacidad para escribir aquello que quería, lo que la habría salvado de la monotonía de la vida cotidiana en Tánger. Sus mejores amigos siempre se encontraban lejos, y Jane los echaba de menos sin tener la seguridad de que ese sentimiento fuese recíproco. Es la obsesión que provoca la distancia. Todos nacemos para vivir unos con otros, pero estamos siempre solos.

Jane nunca dejó de ser fiel a su familia, a sus amigos y conocidos. Jamás manifestó hostilidad hacia nadie: prefirió declararse la guerra a sí misma hasta destruirse. La rebeldía contra su familia no era más que un capricho, mientras que la de Paul era radical y firme. Jane era víctima del yugo familiar, y no supo seguir los pasos de Paul para lograr desprenderse de él.

No sabemos si Jane se ofreció a Dios o a sus semejantes. Ella dudó en su elección durante toda su vida.

Desde muy pequeña, Jane fue consciente de su fragilidad, pero nunca supo cómo combatirla. No tuvo la fortaleza suficiente. Toda su vida sería una superviviente, así que se dejó llevar por la corriente que, desgraciadamente, la arrastró. Si se hubiera dedicado a afianzar su talento literario, quizás no habría sido presa del abatimiento. Tanto le gustaba lo que no estaba a su alcance que se obsesionaba con ello. No tenía ninguna piedad hacia sí misma. Rechazaba a todo aquel que le ofrecía su amor, y corría detrás de quien se lo negaba. Es cierto que se sentía culpable, como la mayoría de los inconformistas que se rebelaban en aquel entonces contra el puritanismo de sus familias, sin tener en cuenta el miedo a lo desconocido, pero Jane era más bien impetuosa e incapaz de calibrar las consecuencias de sus actos. Por ejemplo, podía sentarse en el regazo de cualquier hombre, pasar de uno a otro, sin que la cosa fuera más lejos. Sus actos y sus gestos eran los de una niña, mientras que su conversación, brillante y ambigua, sorprendía a los presentes. Cuando ella y Paul se separaban, parecía que él la echaba en falta más de lo que ella era capaz. Realmente, Jane no soportaba su presencia sin que hubiese una tercera persona, pero no en el sentido dañino de *Huis Clos*, la obra teatral de Sartre. Esa tercera persona jugaba el papel de crear un conflicto íntimo. El papel del tercero corría a menudo a cargo de Ahmed Yacoubi, al que Jane no soportaba por su apego a Paul.

No hay duda de que Paul y Jane Bowles formarán parte del grupo de parejas célebres que pasarán a la memoria de este siglo, como Aragon y Elsa, Sartre y Simone de Beauvoir, Dalí y Gala, o Fitzgerald y Zelda, entre otras. Se suele decir que «detrás de cada gran hombre, hay una gran mujer». No es del todo falso, y no importa saber cuál de los dos es más dañino. La pareja formada por Frieda y D.H. Lawrence fue la más destructiva de cuantas conocí.

Jane siempre notaba triste a Paul; *gloompot* le solía llamar. La manera de burlarse Paul de los demás tan sólo es un recurso para disipar en cierto sentido su bajo estado de ánimo. Su amigo Aaron Copland lo califica de «frío como un pez». Jane, en cambio, era capaz de suavizar la tensa atmósfera provocada por Paul con su presencia encantadora, irónica e infantil, y todo sin pronunciar ni una palabra.

Era una mujer que se imponía por su personalidad, por eso los hombres la respetaban. Sea la época que sea, imponerse es a menudo una característica masculina, pero Jane, con total naturalidad y sin reivindicar nada, era ella misma, y no hacía distinción entre hombres y mujeres. Sabemos que los miembros femeninos de su familia rechazaron tajantemente su libro *Dos damas muy serias*, en el cual desplegaba precisamente su personalidad. Pero, aparte de su familia, ¿qué más eran esas mujeres? Nada, unas mujeres corrientes, únicamente ligadas a Jane por un trivial parentesco, unas fanáticas... que contribuyeron todas al desmoronamiento y caída de Jane.

Jane tuvo siempre un aire pueril y encantador, ese que irritaba a los imbéciles y gustaba a sus verdaderos amigos. Aaron Copland decía de ella: «No sabía nunca lo que se le pasaba por la cabeza. En mi opinión, era mucho más compleja que Paul. Es cierto que él es muy reservado, pero es extrovertido con las personas que conoce bien. Jane tenía un lado pueril bastante marcado. Era extremadamente sensible, caprichosa y resultaba inescrutable. Sus respuestas siempre gozaban de ese carácter distintivo y original».

Es sabido que Aaron Copland y Gore Vidal no se llevaban bien con Jane, aunque sus relaciones con ella no alcanzaron el grado de enemistad que existía entre Buñuel y la pareja Gala-Dalí. Truman Capote y Tennessee Williams forman parte de los escritores que más la amaron.

Si Jane hubiera podido alcanzar su sueño de ser escritora, habría conseguido maravillas en el campo literario. En cambio, fue una mártir de la literatura, porque no quiso hacer de ella un comercio a pesar de que sus necesidades la llevaron en ocasiones a rozar la pobreza. Tanto en su vida personal como en la literaria, su inocencia y su sinceridad le crearon serios problemas y muchas trabas. Paul, para imponerse, superó todos los obstáculos y nunca tuvo piedad de nadie. En sus escritos, hay pocas huellas de humanidad, algo de lo que no se ha arrepentido en absoluto hasta el día de hoy.

A Jane le gustaba aventurarse por lugares peligrosos. ¿Lo hacía por diversión, por obstinación o como desafío? Una tarde volvió a casa descalza. Hacía frío y no paraba de llover. No sabemos qué pasó durante aquella extravagante velada nocturna; ella, que siempre tenía tanto miedo a ser violada. En todo caso, guardó bien su secreto. Tampoco explicó nunca cómo era posible tener miedo de un insecto inofensivo y, a la vez, ser capaz de arriesgar su vida, acercándose sigilosamente a una serpiente de cascabel para salvar a su gato. Y, como de costumbre, allí estaba Paul mirando.

Paul le preguntó a Jane por su ausencia:

—¿Dónde estabas?

—¡Ah! En ese lugar dónde siempre tuve miedo de ir —le contestó.

Paul ya no insistió más.

Jane Bowles era diabólica; o por decirlo en el buen sentido de la palabra, un genio. Era capaz de excusarse por cosas que no había hecho. El sentimiento de culpa no la abandonaba, y al mismo tiempo era la fuente que alimentaba su mágica existencia.

En abril de 1940, Jane y Paul hicieron un viaje a Chicago en compañía de un tal Boo. Como éste no se separó de ella en ningún momento, Jane lo presentaba como su hermano, algo que molestaba mucho a Paul. Durante una cena, a la cual asistieron el cineasta americano Richard Brooks y su esposa, una mujer le preguntó:

«Pero ¿cuántos hermanos y hermanas tienes, Jane?», Jane se puso histérica, y gritó: «¿Acaso tenemos realmente hermanos y hermanas?».

Así era ella de imprevisible. Tenía puntos en común con Zelda Fitzgerald, porque ninguna de las dos resistía la tentación de inventar chismes o historias para distraerse y hacer añicos el objeto de sus deseos o el de los demás. Ambas coincidían en que nada es permanente, en que nada merece perdurar. En lo que a su vanidad se refiere, es una incógnita sin resolver. Jane Bowles y Zelda Fitzgerald vinieron al mundo para agitar a los demás, para librarlos de la monotonía. Consideraban que todo era inútil e insignificante. Lo importante era fascinar e impresionar a la gente corriente, a la que designaban como «conejos» y «erizos». Zelda le arruinó la vida a su marido porque estaba celosa de su trabajo. Le animaba a organizar veladas escandalosas y lo arrastraba a todas las fiestas. Tantas orgías y borracheras le agotaron y acabaron con su vida, al tiempo que ella perdía la razón. Jane, en cambio, siempre animó a Paul a escribir, a producir. De esta manera compensó su propia incapacidad de encauzar su trayectoria literaria.

Paul Bowles siempre ha escondido sus emociones. Nunca puedes saber en qué piensa realmente. Es uno de los aspectos más sugerentes de su personalidad. Adora los loros y aprende de ellos su lado circunspecto. Habla con ellos. Quizás son los únicos que conocen y guardan sus secretos.

En un restaurante de París, el propietario llevaba siempre un loro en el hombro. Como Marcel Proust había sido un cliente habitual, el dueño le regaló a Paul *En busca del tiempo perdido*. Sin embargo, no le prestó demasiada atención al libro; se interesó más por el loro. Le hubiera encantado que fuese suyo.

Paul y Jane nunca pudieron pasar sin la compañía de los animales. Les acompañaban allá donde iban. Podían llegar a tener al mismo tiempo un gato, una gatita, un pato, un loro, dos gatos callejeros, etc. Paul se entristece cuando recuerda cómo uno de sus gatos callejeros devoró una paloma y se atragantó con los huesos.

Cuando Paul tenía algún problema con los demás, Jane corría en su auxilio. Siempre llegaba en el momento oportuno. ¡Encantadora e irresistible!

El sexo ha sido siempre, para Paul, un asunto secundario y sin importancia en su vida. Si lo usa en sus escritos es como herramienta, y no como provocación. A los diecisiete años, Paul conoció a una joven inglesa llamada Peggy, pero no manifestó ninguna inclinación sexual hacia ella. Se limitó a mantener una relación platónica. Al cabo de un tiempo, no sabía estar sin ella. Se trataba de una chica atrevida y alocada, pero antes de verse metido en una relación sexual, prefirió dejarla. Tampoco se interesa por los libros en los que se hable de sexo. Un día le pedí su opinión sobre la obra de Henry Miller: «Es un buen escritor —me contestó—, pero se me hace aburrido cuando se extiende en la descripción de escenas sexuales demasiado exuberantes. El libro suyo que más me gusta es *El coloso de Marusi*». De Anaïs Nin dice: «¡Bah! Es una obsesa reprimida. No le perdono las críticas que hizo a *Dos damas muy serias*. Deprimieron mucho a Jane».

Al leer *Memorias de un nómada*, la autobiografía de Paul Bowles, nos damos cuenta de que solía planificar su vida de forma minuciosa. En esto no se distingue demasiado de Truman Capote, aunque a éste le sobraba su excesiva obsesión por las cosas, y le faltaba tacto y espíritu de aventura. Capote era tan fanfarrón e histérico como Tennessee Williams. Pero volviendo a Paul y a sus *Memorias de un nómada*, vemos que no resultan demasiado convincentes, a pesar de lo que escribió a Alec France el 13 de junio de 1973 desde Tánger: «En una autobiografía, no existe la menor intención de esconderse». Este libro se asemeja mucho a un inventario de nombres, de visitas y de viajes. Exceptuando algunos capítulos que consagra a su infancia y a su familia, todo el resto no son más que una sucesión de monótonos y aburridos interludios. No obstante, me consta que no tenía ganas de escribirlo. Aceptó porque necesitaba dinero para cubrir los gastos de hospitalización de Jane en la Clínica de Reposo de los Ángeles en Málaga.

Sólo me quedaban tres dírhams en el bolsillo cuando salí del bar Le Monocle. Eran las tres de la madrugada. Decidí tomarme con esos tres dírhams un café con leche en El Pilo. Jilali Gharbaoui[50] estaba sentado en la terraza. Lo conocí a mediados de los años sesenta. Desembarca en Tánger de vez en cuando, con sus pinturas hechas sobre cartón bajo el brazo. Cuando se queda sin dinero, me deja un cuadro para venderlo por ciento cincuenta o doscientos dírhams, y así cubrir sus gastos de diario.

Gharbaoui me llamó:

—¡Eh!, ¡Chukri, ven aquí!

Cuando me senté a su lado, me dijo con tono serio:

—¿Sabes lo que me acaba de pasar?

—¿Qué?

—Me creas o no, vengo de estar en Moulay Driss Zerhoun. He cogido mis dos maletas y me he marchado en dirección a Fez. De repente, he visto a dos espectros siguiéndome, les he largado las dos maletas y he echado a correr, y no sé cómo me encuentro aquí sentado.

Me miró fijamente, y añadió:

—Toda mi fortuna estaba en las dos maletas: mis lienzos, mis documentos, mi ropa y mi dinero.

—¡Vaya, es una pena!

—¿Tienes dinero?

—Nada, una miseria.

—¡Dame lo que tengas, por favor!

Le di los tres dírhams sin pensármelo antes de convertirme en el tercer espectro de su historia. Después entré en la cafetería y tomé un café con leche y pan tostado con mantequilla. Lo dejé a deber.

Al día siguiente por la noche vi a Gharbaoui cenando en el restaurante Zagora. Iba muy bien arreglado, me invitó a cenar. ¿Era realmente Gharbaoui? ¿No es el mismo que vi ayer en la terraza del café El Pilo? Ésa fue la última vez que lo vi. Un año más tarde, me enteré de que había vendido todos sus cuadros, incluso el material de trabajo, a un rico admirador suyo. Abandonó definitivamente Marruecos para morir durante una gélida noche de abril de 1971 en París, sobre un banco del Champ-de-Mars. Todo es surrealista y posible en Tánger.

La muerte súbita no tiene geografía, pero he conocido más de una vez este tipo de coincidencias. Genet pasó por el bar Negresco para verme, pero no me encontró allí en aquel momento. Se quedó a comer y, como yo no llegaba, se puso de acuerdo con el camarero para dejarme un vaso de vino y el periódico *France-Soir*. Genet murió unos meses más tarde. En otra ocasión, cené con Tennessee Williams en el Parade, nos llevamos lo que quedaba de la botella de vino con la intención de terminarla en la piscina del Hotel Minzah. Tennessee me propuso tomar antes un trago en la terraza del Café de Paris. No había llegado el camarero cuando un joven se sentó al lado de Tennessee; tenía una herida en la cabeza y la sangre le corría por la cara. A Tennessee le entró el pánico y, sin despedirse, se marchó, llevándose la media botella de vino. No lo volví a ver. Más tarde, Paul Bowles me contó que murió misteriosamente asfixiado en un hotel.

Durante los últimos días que Gharbaoui pasó en Marruecos, se quejaba de la concepción que los círculos artísticos tenían de la pintura. El público marroquí no estaba todavía preparado para valorar su arte abstracto. Ahmed Cherkaoui[51] sufrió la misma incomprensión. En Marruecos, la creación artística de Gharbaoui resultaba ajena, mientras que en el extranjero se sentía más libre; aceptado y comprendido por críticos, museos y galerías. Aquí, la pintura, abstracta o no, brillaba por su ausencia y sufría las consecuencias de una tradición islámica muy rígida.

Gharbaoui era consciente del poco interés que suscitaba la pintura contemporánea en Marruecos. Sólo podíamos ver unos pocos cuadros sin interés elegidos por las misiones culturales extranjeras, al sur y al norte del país, para satisfacer así a algunos ingenuos prendados de lo exótico y lo fantástico.

Gharbaoui era un pájaro sin patas: de cuerpo muy pequeño y con grandes alas. Como el Pájaro Azul, Mohamed Khaïr-Eddine.[52] Los dos tenían casi el mismo temperamento, las mismas inclinaciones, el mismo estilo en la creación artística. En su autobiografía, Bowles escribe: «Hoy día, tienes que estar desprovisto de toda sensibilidad para seguir siendo artista». Sin embargo, esto no se puede aplicar al caso de Gharbaoui ni al de Khaïr-Eddine, quien procedía de Azrou Ouadhou: la roca de la brisa, donde se sienta la gente del pueblo durante los días calurosos para conversar. Los dos han tenido el coraje necesario para afrontar todas las tempestades de la vida.

Gharbaoui nació en 1930 en Jorf El Melha, al oeste de Marruecos. La mayoría de sus trabajos se reparten entre colecciones privadas de ricos marroquíes, y museos de Europa y de Estados Unidos. Dios sabe dónde estará el resto.

Bowles empezó a sentir aversión por los cuerpos desnudos cuando comenzó a estudiar dibujo, a la edad de dieciséis años. Con diecisiete años, le resultaba extraña la diferencia física entre el cuerpo de un hombre y de una mujer. «¿Por qué no son iguales? ¿A qué se debe esta diferencia?», se preguntaba. Más extraño todavía fue su entusiasmo por el color azul. Todos los cuerpos humanos que dibujaba los coloreaba de azul. ¿Acaso creía que Adán era celeste porque cayó del cielo?

Todo le llegó tarde en la vida, incluso la fama como escritor universal no la alcanzó hasta la edad de sesenta años. Se le puede aplicar sin ambages aquel refrán que dice: «El día que nacemos, morimos».

Entre la rosa y la espina, Paul Bowles tuvo, como reconoce en su autobiografía, lo que nos atreveríamos a llamar relaciones sexuales en medio de un campo de ortigas. Ella era Hermina, una joven húngara. En un hotel parisino tuvo otra aventura, en esta ocasión con una joven frígida y pasiva, que debió decepcionarle mucho más que la anterior. ¿Cómo tener ganas de hacer el amor después de sufrir este chasco? En cuanto a sus relaciones con los chicos, no se sabe gran cosa. Para ser justos con Paul, no deberíamos indagar en el tema, ya que él mismo le restó importancia y reconoció no arrepentirse de nada. Una cosa es cierta: el cuerpo femenino nunca fue su bocado preferido. Sobre sus experiencias con los chicos, todo lo que sabemos nos llegó a través de Billy Hubert, un familiar que fue a verle a París. Billy se mostró excesivamente generoso cuando Paul más lo necesitaba. Incluso lo convenció para volver a Nueva York y así reconciliarse con sus padres, enfadados por haberles abandonado. Paul se arrepintió mucho de haber regresado. Reconoció que no tenía la madurez suficiente como para tomar decisiones sobre su vida, sin permitir que los demás interviniesen.

«En su juventud, Paul tenía esa gracia y esa elegancia que atrae a los hombres y mujeres inteligentes», me contó Édouard Roditi.

Paul Bowles declara en su autobiografía: «La escritura es más importante que mi propia vida. La vida de un escritor carece de esta importancia. La profundidad de mi pensamiento está presente en mis escritos y en mi música». Pero, a pesar de esta declaración, ¿deberíamos fiarnos de un alma enmascarada por el arte? El objetivo del arte es adueñarse de la realidad y revelar lo que esconde. Bowles apostó fuerte, pero no logró su afán de convertir lo tangible en algo mágico.

Nunca se ha fiado de nada ni de nadie, pero su sentido del humor apacigua y suaviza este recelo. Para asegurar aún más su aislamiento, se deshizo del teléfono. También ha encontrado un pretexto para no viajar: «No viajo porque ya no hay barcos». Podemos darle la razón, si tenemos en cuenta que no se desplazaba sin una treintena de maletas y dos enormes baúles. De ahí que se le diga «el dandi enamorado de los barcos».

Fue a finales de los años cincuenta cuando Paul optó por una vida sedentaria, y por encerrarse en sí mismo, porque como dice Pascal: «La mayoría de los males les vienen a los hombres por no quedarse tranquilos en casa». En *La tierra caliente*, Rainmantle afirma a Mrs. Slade: «Al final, perdemos nuestra identidad pasando la vida de una habitación de hotel a otra». Desde hace unos años, Bowles vive, a causa de su enfermedad, en un rincón de su habitación. No tiene la costumbre de ir llamando a la puerta de nadie. En este sentido, se parece al filósofo americano Santayana: si nadie pregunta por él, él tampoco lo hará por nadie.

Desde la independencia del país, Paul ya no va a cafés, bares o restaurantes, porque están, según él, ocupados por la policía secreta. Se contenta con una salida al día, por la tarde, con su chófer Abdel Wahid. Va a Correos y al mercado nuevo de la calle Fez, para disfrutar del olor de las flores, mezclado con el olor de la carne, de la fruta y la verdura, y también para acariciar a los gatitos abandonados. Paul adora los gatos y odia los perros. «Los perros deberían estar en el campo —solía decir—, son animales agresivos. El gato, a pesar de su orgullo, es un animal tranquilo.» Sin embargo, desde que Jane ingresó en la Clínica de Reposo de los Ángeles en Málaga, dejó de admitir más gatos en su casa. Recuerdo que a una gata negra que aparecía puntualmente cada día delante de la puerta de su apartamento, Paul siempre le daba leche. Un día, al no ver el plato delante de la puerta, ni a la gata allí echada, le pregunté por ella y me contestó apenado: «Ha muerto la pobre. Era una gata callejera, pero muy amable».

No se parece a Jack Kerouac, para quien la muerte de un gato era un mal presagio. Un día me encontré con Paul en el mercado de la calle Fez. Estaba acariciando una pequeña gata. Le pregunté lo que pensaba sobre la guerra del golfo, y me contestó con la calma de costumbre: «Creo que es más importante para mí jugar con esta gatita que hablar de esa sucia guerra».

No obstante, en la película *El titán de Tánger. Paul Bowles, una leyenda* da su propia opinión sobre esta guerra: «Irak fue bombardeado violentamente. No era necesario llegar a este punto, pero el señor Bush quiso demostrar que era poderoso. Creo que los americanos acabaron muy satisfechos, porque decían: "Los horrores de la guerra de Vietnam han desaparecido. Ahora hemos vuelto a recuperar nuestro poder y grandeza". Esto es absurdo. En Tánger no quedaba por aquel entonces ningún turista. Los americanos fueron invitados por su gobierno a abandonar Marruecos. Todos los que trabajaban en Tánger fueron trasladados a Washington. Las calles estaban desiertas, porque ni los propios marroquíes salían.[53] Esto duró un mes. Después todo volvió a la normalidad y no ocurrió nada más. Los americanos, y probablemente los europeos también, pensaban que la gente de aquí estaba muy furiosa porque se manifestaba en las calles, pero hubo una sola manifestación, el primer día, cuando se enteraron de que las Naciones Unidas bombardearon Irak. Este hecho les enfureció porque ellos son también musulmanes. Que unos cristianos estén matando a musulmanes evidentemente no les gustaba nada, pero olvidan que su propio rey envió soldados para matar a esos mismos musulmanes. Finalmente, lo olvidaron todo. Detesto la guerra y creo que a poca gente le gusta. La guerra les hace sentir poderosos y grandes a quienes la practican. En el fondo, es lo único que buscan. No tenemos miedo de lo que conocemos. Sólo nos sentimos amenazados por personas o cosas que nos provocan miedo. El conocimiento (*knowledge*) es lo único que puede vencer ese miedo, y así poder solucionar los problemas de los países del tercer mundo».

Cuando Jane descansaba de trabajar en sus libros (novelas cortas), encontraba una compensación escribiendo cartas a Paul y a sus amigos. En estas cartas describía al detalle su día a día, y de este modo lograba espantar el aburrimiento y la soledad. Intentaba aprender la lengua de los marroquíes y saber siempre un poco más sobre sus costumbres. Antes de iniciar una nueva aventura amorosa en esta parte de África, Jane escribió a Paul desde Treetops (septiembre de 1947): «Espero encontrar cuanto antes a una mujer para no estar siempre sola por la noche. Estoy convencida de que la vida nocturna árabe no me va a interesar en absoluto. Sabes bien que no considero a estas razas como voluptuosas o excitantes». Y en otra carta (octubre de 1947): «Claro que no sé nada de la ciudad árabe de Tánger (y me niego a emplear el término "árabe"). Francamente, pienso que no me interesan nada latinos, árabes o semitas». De esta manera, evidenciaba su preferencia por estar en compañía de escoceses e irlandeses.

A principios de los sesenta, Jane empezó a sufrir esas crisis que le causaban una severa pérdida de memoria. Todo empezó con una apoplejía en 1957, como ella misma contó en una carta de 1965 dirigida a Libby Holman desde Tánger: «Ayer por la noche estuve cenando con Mary, y de repente olvidé su apellido (me vino uno de mis ataques), pero finalmente lo recordé. ¡Sí! Ya está: BANKCROF». Por aquel entonces, sus cartas tenían muchas faltas. Algunas palabras estaban incompletas, sin una o más letras. Recibió veintitrés sesiones de electroshock, en Inglaterra y España, para tratar su depresión y calmar la ansiedad. En 1966 Jane empezó a dictar las cartas a su amiga Carla Grissmann, sin llegar a firmar la mayoría de ellas. A mediados de abril de 1967,

Paul llevó a Jane a Málaga, donde fue admitida en el hospital psiquiátrico de mujeres. Allí volvieron a la terapia de electroshock. Las cartas que envió desde Málaga estaban escritas a mano, con una letra temblorosa, mal redactadas y apenas legibles. A partir de aquel momento, las palabras tachadas sin ninguna explicación se añadieron a las faltas gramaticales.

Si Jane siempre tuvo miedo de los túneles, las montañas, las alturas, los ascensores y del posible derrumbe sobre su cabeza de algún techo, Paul deseó toda su vida vivir en la penumbra de una gruta. Se trata de una idea romántica de huir de la sociedad urbana y civilizada a un contexto primitivo. Y es que cuando nos cansamos de la civilización, soñamos con tener una vida primitiva. La independencia que siempre tuvo Paul fue la que le faltó a Jane. Además, ella no sentía ninguna atracción por la naturaleza; sobre todo le aterraba la selva. En una postal enviada a Gertrude Stein durante su luna de miel con Jane en América Central, Paul escribió: «Estoy casado con una joven que odia la naturaleza. Aquí estamos rodeados de volcanes, terremotos, simios, [...]». Y, el 25 de marzo de 1958, él escribe a Peggy Glanville-Hicks desde Lisboa: «Conozco el sur de Portugal, sobre todo la región del Algarve. Es muy bonita, pero ahora ya no busco más la belleza».

En una carta dirigida a Paul, Jane dijo: «Tú seguirás haciendo tu vida como hasta ahora, Helvetia (una íntima amiga de ella) también, pero yo no dispongo de una existencia independiente».

La mayor preocupación de las que obsesionaban a Jane era no poder escribir. Sería la muerte cerebral que siempre ha temido. El caso de Lawrence de Arabia era distinto, ya que renunció a escribir. Una especie de suicidio mental. Se convirtió en un hombre corriente, hasta que encontró la muerte en un accidente de moto. Estaba más ansioso de aventuras que de poesía, y prefirió poner fin a ese audaz talento que manifestó plenamente en *Los siete pilares de la sabiduría*. Rimbaud renunció a la poesía y optó por la aventura lucrativa. Cuando un día se le preguntó si escribía poesía mientras estaba comerciando con armas y esclavos, respondió: «¡Ah! ¡La poesía!». Había alcanzado la madurez poética sin saberlo, y quizás no habría tenido tanto éxito si hubiese seguido escribiendo.

Escribir se había convertido para Jane en un pesado lastre. «Tengo que escribir pero soy incapaz de hacerlo», repetía una y otra vez. William Burroughs también temió no poder acabar *El almuerzo desnudo* cuando fue vencido por la adicción a las drogas, a principios de enero de 1955. Tenía miedo de quedarse completamente en blanco. Rimbaud, en cambio, no quiso supeditar su vida a la literatura, ni sublimarla a costa de ésta. Intentó compaginar ambas cosas, para después consagrarse plenamente a la aventura y convertirse en un desconocido. A pesar de conseguir cambiar de vida no logró ser olvidado. Su profetismo fue más fuerte que él, y sus fieles, una selecta minoría, lo pusieron en un altar, algo que las generaciones siguientes aún hoy siguen celebrando.

«La muerte transforma la vida en destino», afirmaba Marlowe. Rimbaud llevó a cabo lo que tenía en mente: viajar gracias a sus escritos.

A pesar de su prematuro talento, la ambición de Jane sobrepasaba su capacidad para conseguir sus propósitos. Puede que con malicia lo hubiese logrado, pero era demasiado buena. Sin embargo, Paul era el rey de la astucia: encerrado en su cascarón, supo disponer de la malicia y la habilidad que hacían falta. Creer en algo es un paso, pero es decisivo que además entiendas las reglas del juego, y Jane jugaba sin conocerlas.

Ella vivió siempre bajo la amenaza de tener que retirarse de la literatura. A medida que crecía su incapacidad para comenzar un libro, otra vez la misma duda: ¿Qué quiero escribir? Ésa era la pregunta que más la atormentaba. Pretendía sumergirse en un proyecto sin haber plasmado ni siquiera la primera frase. Nada más empezar un trabajo, rompía las hojas y se justificaba: «Todo es en vano; un intento de atrapar el viento». Además lo que consiguió publicar no le llegaba a convencer, y deseaba borrarlo de su vida. Todo era posible en la ajetreada existencia de Jane y Paul, porque los dos creían que no se podía soportar la vida si cada uno no mitificaba la suya. Scott Fitzgerald y Zelda se les habían adelantado en esta concepción tragicómica, en la que al matrimonio Bowles le faltaba el exhibicionismo y la comicidad de éstos.

Hablando de Jane, Beatrix Pendar afirma: «En los años cuarenta, todo su entorno se sentía atraído por su mezcla de indecisión y atrevimiento. Pero por desgracia, Jane se hizo mayor, y todo su buen humor desapareció». Gore Vidal, sin ir más lejos, no la soportaba, ni a ella ni a Truman Capote, con quien se peleó en más de una ocasión. Como Jane quería a Capote como a un hermano, no aguantaba a Vidal, a pesar de que Paul lo apreciase. Era la misma aversión que sentía Buñuel por Gala, como idéntica era la compenetración de éste con Dalí.

Conocí a Beatrix Pendar en casa de Paul. Era una mujer muy educada, dulce y generosa. Escribía poemas románticos sin ningún afán de publicarlos, y se los leía a los amigos. Tenía el hechizo de la belleza que aún conservaba en sus rasgos. Cuando cayó en el alcohol, empezaron a robarle dentro y fuera de casa. Me invitó en numerosas ocasiones a su apartamento y, con un vaso de whisky en la mano, me leía sus poemas. Muy pocas veces di con una mujer con tanta bondad y delicadeza. Cuando nos veíamos en el salón de té Madame Porte,[54] bebíamos juntos, y cuando le vencía la borrachera, la acompañaba hasta la puerta de su casa. A menudo, me invitaba a subir para tomar un último trago, que yo nunca rechacé. Llevaba una vida tan solitaria como la mía. Un día, al escucharla leer uno de sus poemas, pensé que aquello podía hermanar a dos personas sin importar cuándo ni dónde. No hace falta visado para entrar en el reino de la poesía, que reconforta y fraterniza a las personas allá donde estén.

Jane sentía celos por la relación que mantenía Paul con Ahmed Yacoubi (1931-1985), pero no los mostraba.

Además le gustaba que se interpusiera entre ella y el adorable Paul un adversario, como hace Tunner entre Port y Kit en *El cielo protector*, pero sin llegar a la tensión que se alcanza en *Huis Clos*. Port y Kit, como les ocurre a Jane y Paul, se adoran pero no pueden ser felices juntos, sólo les aguarda el vacío, la nada. Además, no era fácil descifrar si Jane te rechazaba o te aceptaba. Cuando Paul le pidió su opinión sobre Ahmed Yacoubi, ella le contestó sin sobresaltarse: «En lugar de ojos tiene dos agujeros». Quizás, en este preciso momento, estaba enfadada consigo misma o con otra persona, pero no forzosamente con Yacoubi. Jane podía tener sus caprichos, pero todos aquellos que la trataron, en América y en Marruecos, son de la opinión de que no era mala persona. Se construyó una vida que acabó por creerse, y la vivió por completo, sin mesura. Era todo o nada.

Nada duraba demasiado en su vida, y todo lo que creaba debía de ser sacrificado para dar paso a algo mejor y más importante. ¿Qué era ese algo? Ella misma lo ignoraba. Cuando rehusaba responder, lo hacía por no provocar a la gente corriente, a los imbéciles. Ella sabía a quién debía responder. Una cosa tenía bien clara: todo lo existente debía ser destruido y desaparecer porque era falso. Paul la amenazaba sin resultado diciéndole: «Si no trabajas, no te quiero ver». Pero ella no trabajaba en nada, hundida en una inconsolable desesperación. Era en vano intentar apoyarla porque se dejaba consumir por sus propios pensamientos, incluso se deleitaba con su forzada pereza. Nadie podía reprocharle nada, porque se trataba de su elección. Pero ¿cuál era esa elección? Su único deseo era conseguir realizar aquello de lo que era incapaz. Divagaba en la escritura, y la escritura divagaba a su vez en ella. Continuó luchando para que la inspiración surgiera en su vida, para que la vida no sea como es sino como queremos que sea. Probablemente una de las cosas que más le dolía era no poder plasmar en prosa lo que Rimbaud sí hizo en poesía, antes de abandonarlo todo para alcanzar la cima del silencio suicida, heroico y bello. Pero más inquietante es lo que afirma Edmond Amran Al Maleh en *Aïlen ou La nuit du récit*: «La escritura lo es todo, sin ella nada existe».

«Los niños más felices son aquellos que aún no han nacido», le decía Jane a Paul. Se veía a sí misma como la afectuosa madre de su querida Cherifa; la consideraba hija suya, ella que nunca llegó a ser madre. «¿Por qué ese afán por traer niños a este mundo?», repetía de forma burlona.

Cuando las relaciones con sus amigos se volvían tensas, se consolaba: «Todo el mundo está de paso por nuestra vida», como le comentó irónicamente a Lawrence Stewart. A Jane le costaba decidirse por algo y luchar hasta el final para conseguirlo. «No he sido feliz ni un solo día en toda mi vida, pero no voy a dejar por ello de buscar la felicidad». Los personajes de sus libros compartían con ella ese anhelo. En cambio, Paul, en casi todas sus obras, empuja a los suyos hacia la total destrucción, o como mínimo les reserva un doloroso final. Los crímenes violentos están siempre presentes en sus escritos, porque basó su doctrina en el odio del hombre hacia su semejante. Para él, toda relación humana está fundada sobre la traición, la maquinación, el engaño, la estafa y el asesinato. Por su parte, Jane era más indulgente con sus personajes. Se compadecía de ellos y no les arrebataba la esperanza de poder encontrar algún día la felicidad. Para Paul no había esperanza, aunque también él se aferró a la escritura para conseguir la felicidad. No olvidó el consejo de Aaron Copland: «Si no trabajas a los veinte, nadie te querrá a los treinta». Esta lucha la acompañaba Paul con eso que decía de sí mismo: «Tenemos el mismo sentimiento de culpabilidad que un ladrón, pero con un botín de más». Como si la calavera de Yorick no abandonara nunca su imaginación. El escepticismo está arraigado en Paul hasta el tuétano, y la mayoría de sus personajes no se libran de él. Por ejemplo, en *El cielo protector*, a Port le gustaba adentrarse en el desierto y que las tormentas de arena borrasen sus huellas, no dejasen rastro alguno. El escepticismo más negro habla en boca de Bowles, y por eso está convencido de lo que escribió a Peggy Glanville-Hicks: «El hombre es odiado en el desierto, y esto se palpa en el cielo, en las rocas, y en el mismo aire». En *Un episodio distante*, Paul le corta la lengua a su protagonista y le obliga a hacer el payaso, a sabiendas de que es profesor de lingüística. Es una escena primitiva, de un salvajismo extremo. Tampoco los protagonistas de *Una delicada presa* y de *Allal* se libran de este sadismo: al del primer cuento, le cortan el pene y se lo clavan en el ombligo, y al del segundo le abren la cabeza de un hachazo. Para Paul Bowles tiene que haber equilibrio en la escritura: que lo real se transforme en imaginario y viceversa, aunque en sus escritos imperen las demostraciones de lo segundo.

En *La náusea*, Sartre pone en boca del protagonista las palabras: «Me sobrevivo». Paul, en *Palabras ingratas*, escribe: «Mi vida es póstuma». Pero, en su *Diario tangerino (1987-1989)*, se retracta de esta idea de inmortalidad: «Esta predicción es dudosa. El deseo del hombre por querer dejar una huella tras de sí es en vano. No lo conseguiría aunque llegase a vivir un siglo». Paul se rindió, se cansó de la famosa afirmación de William Blake: «La vida es el goce eterno».

UN DOMINGO DE 1972

Paul y yo fuimos a Rmilat. Durante todo el tiempo que duró la transcripción de *El pan a secas* fue el único día que trabajamos fuera de su casa. Necesitaba, según dijo, de la vitamina solar. Hacía un día espléndido de primavera y nos instalamos en una zona arbolada, con la hierba crecida y repleta de flores silvestres, en su mayoría violetas. A lo lejos, familias marroquíes y extranjeras de excursión, rememorando la infancia junto a sus hijos. Sus juegos y sus gritos de alegría quedaban lejos de nosotros. La distancia que guardaba Bowles con los niños me hizo recordar a Simone de Beauvoir: ambos quieren a los niños, pero lejos.

El 15 de mayo de 1993, en un encuentro celebrado en Turín con motivo del Premio Grinzane Cavour, un periodista me hizo la siguiente pregunta:

—¿Qué opinas sobre el matrimonio, los niños y el amor?

—No estoy en contra de la institución del matrimonio, pero no me veo capacitado para formar una familia. En cuanto a los niños, los hay por todas partes. No importa si son de tu sangre o de la mía. Yo me enamoré de una prostituta, y fracasé. Enamorarse de una prostituta es duro, incluso puede ser mortal, y yo prefiero vivir. Quizás mis sentimientos no deberían haber traspasado según qué fronteras.

Paul Bowles, que adoraba la luz del desierto y los climas ecuatoriales, ahora es alérgico al sol. Vive rodeado de paradisíacas playas de agua cristalina, pero lleva años sin bañarse en el mar. Se contenta con respirar el olor a yodo cuando pasea en su coche hasta el faro del cabo Espartel. Su enfermedad le ha alejado de las cosas que le son más cercanas. Además, su piel se ha vuelto más sensible y se quema enseguida. Lejos de acapararlo sólo para él, compartió el sol, su dios de antaño, y lo acercó a todos los que le quisieron, a los que le odiaron, a sus compañeros de viaje y a los personajes de sus libros. Pero Paul acabó perdiendo el interés por muchas cosas. Ha visto tanto que parece aburrirse, o quizás ya no pueda ver nada más. Está empachado de experiencias. Sólo le llama la atención aquello que es tan seductor y fascinante como para llegar a echarlo en falta. Pero la época en la que todo le deslumbraba ya pasó: cayó vencida por la explosión demográfica, las guerras, las crisis económicas, la pérdida de los valores sociales y la caída de los gobiernos moderados. Además, ya no se viaja en barco.

Entre la gente que hacía picnic, reconocí, no muy lejos de nosotros, a la familia Gerofi:[55] Isabelle y su cuñada Yvonne.
—Voy a saludarlas —le comenté a Paul.
De manera educada, intentó impedírmelo:
—No lo hagas. La gente se escapa de la ciudad para descansar, pero también para no encontrarse caras conocidas.
Pensé que Paul tenía razón. Hay que saber ser rural en el campo y urbanita en la ciudad, y yo, a pesar del tiempo que llevo viviendo en la ciudad, aún no he perdido mis ademanes rústicos. Soy fiel a nuestras tradiciones y, ocurra en la ciudad o fuera de ella, si me topo con algún conocido marroquí, corro a abrazarlo sin importar que ya lo haya visto ese mismo día.
Hacía buen tiempo, no demasiado caluroso. Abdel Wahid, el chófer de Paul, paseaba a lo lejos. Aparecía y desaparecía mientras Paul y yo continuábamos con la transcripción de *El pan a secas*.

Un día, Abdel Wahid me preguntó:
—¿Interesa realmente a los extranjeros eso que Mrabet y tú contáis a Paul para que luego él lo escriba en inglés?

—Yo no me limito a contar. También escribo en árabe la historia para todo el que desee leerla.
—No entiendo.
—Pues no sé cómo explicártelo.
—Pero Mrabet no escribe. Él sólo cuenta.
—Sí, pero Paul se encarga de escribirlo por él. Son dos formas diferentes de trabajar.

De vuelta a casa, Abdel Wahid se echó a un lado de la carretera y le compró a un joven campesino huevos de corral para Paul. Después entramos en un pequeño café que regenta un viejo conocido de Paul, y allí tomamos té. Los clientes eran todos fumadores de kif, y excelentes cuentistas de su pasado glorioso. Sin embargo, hoy día, Tánger sólo les inspira melancolía, soledad y reclusión.

17 DE ENERO DE 1993

Para Paul, el sexo supone un esfuerzo que el hombre realiza vanamente. Tolstoi opinaba lo mismo. Deberíamos practicarlo tan sólo para procrear. Pero Bowles llega al punto de negar incluso el instinto de la reproducción. Le basta al hombre con masturbarse para librarse —por lo aberrante— de su existencia absurda. Una vez ponemos el pie en este mundo, sólo nos queda luchar para apartarnos de nuestro abyecto destino. Aquí es donde se hace más patente el nihilismo de Bowles.

Hoy he ido a hacerle una visita a Paul en compañía de Hans y de Rubio. Paul estaba metido en la cama, muy cansado. En el centro de la habitación, una mesita cubierta de medicamentos. Abdel Wahab, un joven al que nunca antes había visto en su casa, le ha ayudado a incorporarse y sentarse en la cama. Le he presentado a Rubio, haciendo hincapié en que procede de Tafraout.

—¡Oh!, estuve allí en los años cuarenta —exclamó Paul—. Me gustaba mucho el zoco de los miércoles y la montaña que preside la ciudad.

—¿Y qué me dice de la roca cuya cima se parece al sombrero de Napoleón? —preguntó Rubio.

Paul continuó:

—Los lobos atacaban cada noche a los perros vagabundos, que ahuyentados huían ladrando. —Y entonces los imitó—: ¡Aouuu! ¡Aouuu! ¿Todavía quedan lobos?

—¿*Abghoughen*? (Rubio se refirió a los lobos en bereber) Sí, pero no tantos como antes. Quedan algunos en las montañas, lejos de los pueblos, y no se atreven a acercarse. Hoy día en Tafraout hay sobre todo *boutaggant* (jabalíes), *anzidh* (ardillas) y *tharoucht* (mofetas).

Interesado, Paul se acomodó en la cama para añadir con su debilitada voz:

—En todas partes, el mundo ha cambiado mucho.

Comencé a sudar. Se escuchaba cómo crepitaba la leña en la chimenea. Paul enciende el fuego para calentarse incluso en pleno verano. Siempre dice tener frío. No le he oído nunca quejarse del calor, ni en la calle ni dentro de su casa. Delante de la chimenea había un montón de botellas de plástico llenas de agua, probablemente para humedecer el aire. Hans quería hacerle unas fotos a Paul, pero éste se excusó diciendo que su estado de salud no se lo permitía. Su memoria está todavía intacta; sus ojos, vivos y brillantes. Sólo tiene problemas de audición, ya se los noté cuando lo conocí a principio de los años setenta. Me niego a creer que los finge. Es cierto que no oye demasiado bien.

Saliendo de su casa, Rubio me ha comentado:

—¡Qué hombre tan extraño!

—¿Por qué dices eso?

—Porque se acuerda al detalle de lo que pasó hace cincuenta años, y olvidó la roca cuya cima tiene forma de cabeza de león.

—Quizás no la haya visto.

—Imposible, señor Chukri. Todos los turistas que pasan por Tafraout conocen la roca-león —replicó.

—Yo creo que es el león el que se parece a la roca, y también que Paul Bowles no hace turismo.

—¿Y qué hace?

—Quizás no sepa lo mismo que el resto, pero es posible que sepa más que ellos.

—Mira que sois enigmáticos los escritores —dijo confundido.

—¿De qué habláis? —me preguntó Hans.

—De que hay una roca en Tafraout que todos los turistas, menos Paul, conocen. Puede que la haya olvidado.

—La conozca o no, no es más que una roca.

Rubio se puso nervioso.

—No, Hans. Se trata de una roca importante, y su forma maravilla a todo el que la ve.

Hans desistió entre risas.

6 DE JUNIO DE 1993

Dudé si entrar en la taberna Cosmopolita,[56] por ser tan pequeña como un *Agujero en la pared*,[57] abarrotada con sólo seis o siete personas. Virginie nunca había estado allí conmigo. La invité, y aceptó. A sus dieciocho años, siempre se atreve con las experiencias que no son propias de su edad. Vi en un rincón a Temsamani, con su aire de marabú. Frente a él, una frasca pequeña de vino. A juzgar por su cara, roja como un tomate, no debía ser la primera. Es un soñador. Al vernos llegar pareció volver en sí, y nos dio la bienvenida. Virginie y yo tomamos con él algunas copas y le hicimos recordar aquel tiempo que pasó junto a Bowles, Jane y el resto de la pandilla: Brion Gysin, Tennessee Williams, William Burroughs o Truman Capote, entre otros. Le hablé de mi libro sobre Bowles y sus amigos. Se quedó callado y pensativo. Estaba tan metido en sus recuerdos que no pude sacarle del ensimismamiento. De repente, me di cuenta de que Temsamani estaba cogiendo fuerzas para hablarnos de todos ellos. Usó el inglés, para que Virginie le entendiera.

—Paul, Jane, Ahmed Yacoubi y Mrabet... ¡Oh! ¡Qué tiempos aquellos!

Iba vaciando su copa a pequeños sorbos. Tiene una manera elegante de recuperar las fuerzas cuando está contando sus recuerdos. Pensé: Temsamani es refinado. No fue corrompido por aquella otra civilización en la que se vio inmerso de golpe. Vive en el pueblo Briyich. Nos invitó a su casa. Quedamos en ir otro día. Trató a Virginie con amabilidad paternal. Cuando le pregunté si había sido Paul quien realmente mató al gato de Jane tirándolo desde un cuarto piso, contestó irritado:

—Rotundamente, no. Paul podría ser cruel con algunas personas, pero sólo en sus libros, según he oído decir. En la vida real es un buen hombre. Otra cosa es cuando su imaginación echa a andar. No podemos juzgarle por ello, es totalmente libre de imaginar lo que quiera.

—Fue Larbi Yacoubi quien me lo contó.

—Escúchame bien: Larbi Yacoubi es nuestro amigo, pero lo que cuenta de Paul no es cierto. No lo conoce tan bien como yo. Es verdad que no he leído los libros de Paul, pero he oído hablar mucho de ellos. Hablo inglés pero no lo leo, salvo con esfuerzo en las cartas.

—Ya que has conocido a todos los antiguos amigos de Bowles, ¿qué opinas de Jack Kerouac? Si es que lo llegaste a conocer —le preguntó Virginie, que siente por Kerouac una admiración excesiva que roza el culto.

Apuró el vaso de un trago antes de contestar:

—¡Ah! Sí, a él también lo conocí. Huele las cosas antes de tocarlas. Es muy inteligente. Su espontaneidad desconcertaba a veces a Paul. Un día le pregunté por él, y Paul reconoció que no lo considera un buen escritor. Como todos los jóvenes de su generación, Kerouac se rebeló contra su familia y la sociedad, pero le faltaba madurez. A mí me gustaba su personalidad sencilla, no trataba nunca de complicar las cosas. Burroughs era diferente, muy reservado, siempre dentro de su caparazón.

Se quedó callado durante un momento, tomó un trago de vino y continuó:

—¡Buenísima esta penúltima copa! —mira a Virginie y luego a mí—. Os voy a decir algo antes de irme: Paul me enseñó muchas cosas. Él tiene sus gustos y yo los míos, pero no por eso le respeto menos. Paul presiente las cosas, todo lo que predijo sobre el futuro de sus amigos acabó sucediendo.

—Ahora que Mrabet ya no se trata con Paul, ¿qué opinas de él? —le pregunté.

—Tanto Paul como Jane no supieron nunca elegir a sus amigos marroquíes. En la última visita que hice a Paul, hará un par de semanas, le pregunté si no había vuelto Mrabet ni una sola vez desde que se marchó. Él me respondió que no, que no estaba obligado a hacerlo porque ya no trabajaba allí.

A pesar de haber roto las relaciones con Mrabet, Paul celebró en 1994 su fiesta de cumpleaños en casa de éste, y a la manera marroquí: sacrificando un cordero y escuchando la música del grupo Jilala.[58] Bowles se puso a contarle a Pedro las bondades de su chófer Abdel Wahid, recalcando sus cuidados y la deliciosa comida que le preparaba. Mrabet,[59] que estaba sentado cerca, le dijo, como de costumbre, en español:

—Señor Bowles, yo también hice lo mismo por usted, incluso más.

Paul contestó con su habitual tono frío:

—No lo creo. Tú no hiciste nada por mí. Sólo trabajabas conmigo cuando te convenía.

Aprovechando que Mrabet estaba entretenido con la música, Pedro le dijo a Bowles:

—Erais amigos íntimos, ¿no es cierto?

—¿Amigo íntimo de quién? ¿De Mrabet? En absoluto. Nunca fue mi amigo.

—¿Y qué fue para usted, entonces?

—Un empleado. Uno de tantos que han trabajado en mi casa.

22 DE JULIO DE 1993

Fui a visitar a Bowles en compañía de Pedro. Abdel Wahid nos recibió. Encontramos a Paul echado en la cama, algo cansado. Después de saludarnos, él comentó: «Aquí estoy, prisionero. Sólo espero la muerte». Pensé: «Sí, pero tu final no será tan cruel como el que sufrieron los personajes de tus novelas». Decidí animarlo un poco y me atreví a preguntarle:

—Señor Bowles, ¿no cree que no le fue precisamente de ayuda a Jane que se dedicase por entero a la música, a la escritura, a viajar y a plasmarlo todo en los libros, mientras que ella era incapaz de terminar un simple texto?

—Eso era problema suyo, no mío. Yo me metía lo justo en su vida. Sólo intervenía cuando se trataba de asuntos relacionados con su salud, o cuando veía que corría peligros de los que no era consciente. A fin de cuentas, dejé que hiciese con su vida lo que le viniese en gana. Nunca la obligué a hacer algo en contra de su voluntad.

—Pero sabemos que los dos estaban en contra de una muerte y de un entierro bajo la fe católica.

—Es verdad, Jane era judía de origen búlgaro. Lo que pasó es que las monjas lograron persuadirla para que se convirtiese al catolicismo. La presionaban a diario, y como se encontraba física y moralmente muy debilitada, las monjas consiguieron su objetivo y ella aceptó, resignándose. No creo que estuviese conforme con la doctrina católica. Fue obligada a convertirse, y yo en esos momentos tenía que apoyarla en todo. Un día, cuando la visité, me di cuenta que llevaba una cruz en el cuello, pero no les dije nada a las religiosas. Yo sólo quería que se ocuparan de ella. Siempre he sido feliz con Jane, a pesar de las habladurías.

Paul parecía muy afectado, pero yo continué con mis preguntas:

—Jane decía que, mientras usted perseguías el éxito en sus actividades musicales y literarias, ella sentía que se estaba cansando, que se apagaba poco a poco. Desde el punto de vista creativo, ¿cuáles fueron sus sentimientos hacia ella?

—Yo apreciaba su talento. No me sentía culpable por su incapacidad para poder alcanzar sus aspiraciones, tanto en la escritura como en la vida. Ella era responsable de sí misma y de sus ambiciones literarias. Llegó a cumplir algunos de sus propósitos; otros se quedaron en simples pretensiones. Quimeras, a fin de cuentas. En mi opinión, cada uno de nosotros debe asumir la responsabilidad de sus éxitos y de sus fracasos. Es verdad que la ayudé a corregir algunas faltas gramaticales y de puntuación..., pero no era gran cosa. Cualquier corrector podría haberlo hecho, y Jane lo sabía, pero insistía en que fuera yo quien me ocupara de ello. Ella me brindó muy buenos momentos, y rara vez estábamos en desacuerdo, digan lo que digan las malas lenguas. Tenía su propio talento para la escritura. Es absurdo comparar sus textos con los míos. Cada uno escribía a su manera. Entre nosotros no había ni rivalidad ni envidia, ni en la vida ni en la literatura. Los dos compartíamos nuestro amor por algunos de nuestros amigos, sin tener en cuenta sus inclinaciones, sus principios y sus concepciones artísticas.

—«No puedes presentar a nadie un manuscrito repleto de faltas», le grité un día. Ella se encogió de hombros y me contestó: «Si encuentro un editor, se encargará de estas cosas (refiriéndose a las correcciones). No se publica un libro por tener una gramática correcta, don aguafiestas». Así me solía llamar, cuando estaba de humor.

—Señor Bowles, se dice que, desde la muerte de Jane, no ha podido volver a escribir tan bien como solía hacerlo, y que por eso se ha dedicado a transcribir y adaptar historias que le contaron algunos jóvenes marroquíes.

—No niego que Jane me estimulase y me animase a la hora de escribir. Pero cuando cayó enferma, mi trayectoria literaria cambió de rumbo, y no estoy arrepentido. Se trata para mí de una experiencia más. Jane ha pensado siempre que sólo uno de los dos debía de ser escritor. Yo no compartía su opinión. No se trataba de complejos de inferioridad o superioridad. Era más bien como un regalo por su parte, como si me dijera: «¡Trabaja tú! Eres más capaz que yo, eres el disciplinado. Yo estoy cansada. Nací para elegir mi propia vida, pero decidieron hacerlo por mí. Fracasamos todos: ellos y yo (con "ellos" se refiere a su familia)». Bien es cierto que Jane no era disciplinada en la escritura, pero de entre los muchos escritos que rompió, había algunos que me gustaban. Jane era así. ¿Quién se atrevía a impedirle hacer cualquier cosa? Yo nunca se lo reproché. Era una muy buena compañera. Las parejas deben aprender a amarse, también durante las disputas.

Jane murió a los cincuenta y seis años. Convivió dieciséis años con su enfermedad. Fue enterrada en el cementerio San Miguel de Málaga, en una tumba que, a día de hoy, está sin identificar.[60] Como se trata de un cementerio católico, se tenía que colocar una cruz sobre su tumba. Paul no lo permitió, ya que la misma Jane no estaba convencida de su conversión. «Para mí no hay tumba —declara Paul—. No creo en los cementerios y las tumbas. ¿Para qué sirven? ¿Para llorar al muerto? ¿Para superar la muerte? ¿Para vencerla? No se puede vencer a la muerte. Nunca. Nos acompaña permanentemente. En todo caso, yo no lo pretendo porque destruiría mis lazos con el mundo. Creo que viví por mandato, sin ser consciente de ello. Cuando no encuentre a nadie por quien merezca la pena vivir, habré muerto.»

Por suerte, aunque Paul teme la muerte como los demás, no hace de ello un drama personal. No se arrepiente de nada, aunque haya hecho sufrir a alguien o lo haya perjudicado a través de su comportamiento o en sus libros, repletos de maldad, atrocidades y muertes violentas. Desde luego, él nunca pretendió ser un santo y arrepentirse de todos sus pecados.

Durante estos años, Paul Bowles ha vivido en Marruecos convencido de ser una persona non grata, un extranjero sin ninguna posibilidad de aceptación. Así lo manifestó, el 30 de mayo de 1995, en una entrevista concedida a Jesús Ruiz Mantilla para el diario *El País*: «No me aceptan. Nunca me han aceptado. Aquí sigo siendo un extranjero». En la misma entrevista, Bowles alertó sobre el islam, convencido de que el próximo siglo estaría marcado por el enfrentamiento entre los musulmanes y Occidente.

Esta hostilidad por parte de los marroquíes hacia él es producto de su imaginación. Sabemos que Paul, esté donde esté, vive en un permanente estado de sitio, obsesionado con espías, a los que ve por todas partes, y también con ladrones despiadados que quieren arrebatarle el dinero. Paul adora el dinero hasta casi venerarlo. Es muy tacaño. Está en su derecho de serlo, pero no de percibir anualmente los derechos de autor de mis libros traducidos por él. Exceptuando los magros anticipos que recibí a la hora de firmar el contrato, nunca he cobrado un centavo. Además, sólo por la traducción, él se lleva el 50% de los derechos de autor.

Acostumbraba a visitar a Bowles más de una vez por semana. Antes tenía pocas visitas, pero hoy te encuentras con una muchedumbre que corre a grabar sus últimas palabras, ahora que apenas se levanta de la cama. Lo mismo le ocurrió a Tolstoi cuando abandonó a su familia para errar en busca de un final apacible, lejos de su mujer, que codiciaba sus derechos de autor y unas tierras que él había cedido a los campesinos pobres. Bowles no aspira a que lo santifiquen en un país que, a su juicio, está habitado por bárbaros e imbéciles. Odia la pobreza, y es libre de hacerlo, pero que desprecie a los pobres es inadmisible.

Va a dejar su fortuna (más de setecientos mil dólares, según me contó Pedro) a un banco, para que la empleen apoyando a fundaciones artísticas.

Actualmente, siempre hay en su casa más de un visitante, sea de Tánger o de fuera. A veces puedes encontrar a cinco o seis, de varias nacionalidades, entrevistándole en los tres idiomas que Bowles domina: inglés, francés y español. Paul no rechaza la visita de nadie, tan sólo cuando se trata de alguien que ya le incomodó en alguna otra ocasión con sus preguntas. Cuando Mrabet está presente, es él quien se encarga de hacer la criba.

Incluso les indica la salida a los que no le gustan a él personalmente, sin importar que Bowles haya aceptado recibirles.

Lo que molesta realmente a Paul es que le pidan un préstamo, por muy insignificante que sea la cantidad. Traga saliva con dificultad, y te lanza repetidas veces una mirada acongojada, para después quedarse pálido, bajar la vista, y pensar durante un instante si aceptar a regañadientes o rechazar la petición con extrema cortesía.

Cuando me dedicaba a la enseñanza, antes de que acabara el mes ya me estaba recordando que le debía dinero: «No olvides que me debes tanto». Normalmente, la cantidad en cuestión era ridícula; no pasaba nunca de los cincuenta o cien dírhams.

Cuando Norman Glass le pidió desesperado que le prestase trescientos dólares, Paul se negó, y le envió una carta el 16 de noviembre de 1968 en la que, cuando no se excusaba, lanzaba evasivas y consejos: «De todas formas, te voy a comunicar mi decisión y espero que no te la tomes a mal. Te puedo ofrecer mi amistad, pero no dinero. Hay gente que ofrece más de lo segundo que de lo primero, otros tanto de lo uno como de lo otro, y los hay que no ofrecen nada. ¿Qué hacemos entonces?».

En presencia de las visitas, la profunda inteligencia de Paul aflora, pero sin ninguna pretensión. Es hábil con la ironía, franco, objetivo cuando es necesario. Da su opinión sin rodeos y no es obstinado en un debate. Cuando la situación se complica, opta por retirarse. Cuando no comparte una idea, se limita a decir: «¡Ah!

No lo había visto nunca desde ese punto de vista». Participa en todo, pero sin llegar a adoptar ninguna postura. Siempre supone que le engañan, por eso cuando percibe que los demás también se sienten engañados se consuela, y llega a la conclusión de que no es el único estafado.

Fui a casa de Louise de Meuron con Tennessee Williams. Había mucha gente. Celebraban una fiesta a la que no me habían invitado, pero decidí quedarme. Estaba en buena compañía. Además, mis bolsillos estaban vacíos y corría el riesgo de volver a casa sin cenar o sin tomar al menos un trago.

Dos días antes de que Tennessee abandonase Tánger, me invitó a cenar en el restaurante Djinina. Estaban también Paul, Mrabet y Abdel Wahid. Claro está, fue Tennessee quien pagó la factura. Creo que la avaricia de Paul es patológica. Ahorra para no llegar nunca a la pobreza, pero vive en ella precisamente por no ser capaz de gastar nada.

Un día le pregunté:

—¿Por qué ha publicado alguno de sus libros con editores que son unos auténticos estafadores, como Peter Owen?

—Porque como no estoy allí, no tengo elección. ¿Cómo puedo controlar la edición de mis libros a distancia? La mayoría de los editores son unos canallas. Hacen lo que les da la gana, sobre todo si vives lejos de ellos. Son así.

Mientras le escuchaba, pensé: «¡Señor Bowles, usted es un mentiroso! Para cobrar los derechos de autor, tanto de sus libros como de los míos, William Morris, su agente literario, le enviaba dinero en metálico, o bien fotocopias de los cheques que había depositado en la sucursal de su banco en Nueva York. En aquella época, yo no tenía agente literario, y ni siquiera sabía que existían. Otra desgracia más reservada para el tercer mundo: aprovecharse de la inocencia con el pretexto de dar a conocer a los artistas que, aunque con talento, permanecen ignorados. Como si en lugar de darles el trato que se merecen, o de conseguir que éste sea más equitativo, se tratara de una obra de caridad».

El 19 de noviembre de 1972, Bowles escribe a Carol Ardman: «Chukri viene a mi casa todos los días. Mrabet y él tienen una nueva costumbre, cenar todas las noches en el Zoco Chico. Es pronto para poder predecir algo concreto, pero tengo la sensación de que, si va a haber alguna influencia literaria entre ellos, será Mrabet quien influya a Chukri».

No sé de dónde ha sacado Paul Bowles ese rumor, porque Mrabet y yo nunca hemos cenado en el Zoco Chico. Y por otra parte, su suposición es falsa, porque Mrabet tiene su propio mundo literario, y yo el mío. Cada uno cuenta, escribe y vive a su manera. Sólo fuimos alguna vez a los bares del bulevar para pasar el rato con las camareras y las bailarinas, y evocar aquellas experiencias vividas con algunas de ellas. Ocurre que, confinado en su habitación, Bowles da rienda suelta a su imaginación y es capaz de inventar lo que sea. De hecho, fue Mrabet quien influyó en la literatura de Bowles, y éste llegó incluso a citarlo. Lo cierto es que existen incluso semejanzas entre la manera de escribir algunos textos suyos y cómo solía contar Mrabet las historias marroquíes.

Paul Bowles se cree con el derecho de ser americano en cualquier parte del mundo; en cambio, para él, yo soy marroquí únicamente en Marruecos. En la portada de mis libros, el nombre de Paul Bowles aparecía con el mismo tamaño de letra que el mío, como si fuera coautor. Sin lugar a dudas, se trata de una estratagema publicitaria por parte del editor Peter Owen. Pero Paul Bowles, el reputado y adinerado escritor, no sintió vergüenza de semejante villanía, y no se opuso a ella. Lo más ruin es que aceptó que cobrásemos los derechos de autor de mis cuatro libros, que le dicté y transcribió, a partes iguales. En la página de créditos aparecía: «Copyright Mohamed Chukri & Paul Bowles». Paul hacía lo mismo con Mrabet, pero es que ambos fueron amigos íntimos y, como estaba con él, conseguía los derechos a su manera. Yo soy independiente; estoy fuera de su círculo, y bajo el pretexto de que quiere ayudarme a alcanzar la celebridad, actúa de este modo conmigo.

Desde hace unos años, R.[61] se ha convertido en agente literario de Mrabet y de Rodrigo Rey Rosa.[62] Gracias a que Mrabet me recomendó, R. ha pasado también a ser mi agente.

R. descubrió las malversaciones de Bowles gracias a los contratos y a las fotocopias de los cheques de liquidación de derechos que le entregó Mrabet. Los contratos eran los que el propio Bowles escribía a máquina en inglés y que yo firmaba con toda confianza. Cuando R. quiso gestionar los derechos de la edición de mis libros, Paul le contestó con su habitual tono seco e indiferente:

—¿Y a mí qué? Chukri no es más que un borracho. ¿Qué cree que hará con el dinero? Lo usará para destrozar su salud y dejará de escribir. Cuando no tiene dinero, escribe mejor y es perseverante en el trabajo. Lo conozco muy bien, y además han llegado a mis oídos muchas cosas sobre él.

Paul Bowles, el «sabio» que ha vivido y ha recorrido medio mundo, dice este tipo de estupideces sobre mí. No me extraña, no seré ni el primero ni el último al que desprecie, y entre ellos se encuentran los personajes de sus libros, las personas que le hicieron compañía y los que sirvieron en su casa. Dicho esto, tengo que reconocer que me gustan algunos libros suyos, como a él le gustan algunos míos. Pero eso es otra historia.

6 DE AGOSTO DE 1993

Hacia las cuatro de la tarde, Paul Bowles pasaba por delante del bar Negresco. Lo saludé. Su voz era débil. Está enfermo. Se dirigía al dentista. Andaba encorvado, renqueante del lado izquierdo. Abdel Wahid le sujetaba del brazo derecho. Volví a mi mesa, que daba a la calle, y continué dando sorbos del vaso de whisky mientras pensaba en las desgracias que conlleva la vejez.

28 DE OCTUBRE DE 1993

Visité a Paul acompañado por Ibrahim El Khatib.[63] Eran las cinco de la tarde cuando llegamos, y él ya había cenado. Estaba en el cuarto de baño, encorvado. Probablemente, la ciática le seguía dando problemas. Una vez en su habitación, Ibrahim y yo le ayudamos a echarse. Abdel Wahid estaba en la cocina. Dejé que Ibrahim conversase con Paul en español sobre ciertos artículos y estudios consagrados a las traducciones de sus libros. Paul se dirigió a mí:

—Y bien, ¿qué te cuentas?

Entendí que quería saber cómo llevaba mi trabajo sobre él. Ya le había comentado que estaba escribiendo un diario donde los dos temas a tratar serían Bowles y Tánger.

—Voy por la página 107 del manuscrito —le dije.

Bowles se molesta cuando le recuerdo que sigo trabajando en el libro sobre él. «¿Qué va a escribir Chukri sobre mí? No conoce a mi familia y no sabe prácticamente nada de mi vida». Esto fue lo que le comentó a Pedro. A mí me dijo:

—Espero poder leer eso que escribes sobre mí.

Cuando le comuniqué que estaba leyendo *An Invisible Spectator: A Biography of Paul Bowles*,[64] la biografía que escribió Christopher Sawyer-Lauçanno, vi su cara crisparse.

—Es un libro superficial, escrito con maldad. Durante sus visitas, el autor me pidió que le ayudara a redactarlo, pero me negué. Estaba ocupado en cosas más importantes. Ya no tengo buena salud, ya no tengo la fuerza para contestar a preguntas relacionadas con mi vida y mis trabajos. No me gusta ese libro. De hecho, no lo terminé de leer, porque está plagado de falsedades sobre mi vida. Interpreta las cosas a su manera. Es un individuo despreciable.

En una carta dirigida a Regina Weinreich, Paul sintió no haber envenenado a Sawyer-Lauçanno la primera vez que vino a verle.

Ibrahim le pidió a Paul que le diese algún recuerdo, y éste le contestó con tono indeciso:

—¿Qué quieres que te regale exactamente?

—Algún libro suyo dedicado.

—Pero para eso me tendría que levantar e ir a buscarlo. Chukri se va a encargar.

Ibrahim le tendió cinco ejemplares de la recopilación de cuentos *El jardín*, que tradujo del inglés al árabe, y le dijo:

—En un principio creí que sería fácil traducir sus cuentos, pero cuando empecé a trabajar, la cosa se complicó.

—Es verdad, es lo que suelen decir los traductores de mis obras.

Paul me pidió que le trajese un libro cualquiera de la otra habitación. Abdel Wahid me ayudó a buscar entre los que tenía amontonados sobre la mesa. Encontré un ejemplar en español de *El cielo protector*, se lo llevé a Paul, y se lo dediqué: «Gracias por haber traducido mis cuentos».

A Paul le alegró ver algunos de sus cuentos traducidos al árabe. Llevaba conmigo un ejemplar de *Déjala que caiga* y le pedí que me lo firmara.

—¿Cómo? ¿Te basta sólo con mi firma?

—Como prefiera.

Bowles escribió lo siguiente: «Para Mohamed Chukri, con mi admiración».

Aquella tarde respiraba con dificultad. También estaba más delgado que la última vez que lo vi. Me di cuenta de que había un televisor en su habitación. Desde que lo conozco, ha odiado y criticado la televisión. Supe más adelante que fue Claudio Bravo quien se la regaló. ¿Qué tipo de programas verá? Es otro de sus secretos. Le hice un gesto a Ibrahim para indicarle que nos fuésemos, y así dejar que Paul descansara.

Un día me contó lo siguiente: «Antes, cuando tenía teléfono, la gente me molestaba llamando para preguntarme si podía recibirla. Hoy, la situación es más molesta y embarazosa, y es que cuando llaman a la puerta y voy a abrir, no me queda más remedio que hacer pasar a la visita. ¿Acaso me creerían si les dijese que estoy ocupado o cansado?».

Cuando salimos de casa de Bowles, le dije a Ibrahim: «Finalmente te regaló *El cielo protector*. Es "*Una presa delicada*",[65] ¿no es así?». Ibrahim no comentó nada al hilo de la broma. Se limitó a sonreír, de manera breve y enigmática.

6 DE MARZO DE 1994

He salido de casa sobre las once de la mañana, y he caminado, un poco perdido, sin saber muy bien qué hacer. Durante el rato que he pasado en mi habitación con la mirada clavada en el techo, me he dado cuenta de algo: lo que llamamos verdadero amor sólo se consigue a través del sueño y del placer de la traición. En ese momento una desconocida me ha llamado por teléfono:

—¡Oiga! ¿Mohamed Chukri?
—Sí.
—¡Soy la chica del futuro!
—¡Enhorabuena!
—¡Sígueme el rollo, chuloputas!
—¡Búscate a otro que te dé por culo, asquerosa!

He continuado disfrutando de la música de Erik Satie mientras ella seguía hablando con esa bajeza.

Cerca del Café de Paris me he encontrado con Ramón y una amiga suya. Al parecer iban a visitar a Antonio

Fuentes. Les había encargado dos panes integrales. Acepté acompañarles. Hacía muchos años que no veía a Ramón. Suele comprar su comida en un restaurante pequeño cerca de su casa. Rara vez se aleja del Zoco Chico. Está siempre solo. Hemos hablado una sola vez, en los años sesenta, durante una de sus exposiciones.

—Lo más seguro es que no nos haga entrar en su casa —dijo Ramón—. Nosotros lo conseguimos ayer. Incluso aunque se trate de sus amigos más íntimos, no suele recibirlos con mucha frecuencia, y sólo lo hace si está de buen humor. Quienquiera que desee comprarle un cuadro debe ir acompañado por alguien que él conozca. No recibe a más de tres personas a la vez, y nunca antes de las once de la mañana ni con el día nublado. Si algún comprador entra y no se lleva finalmente ningún cuadro, no vuelve a poner los pies en su casa. Tiene casi noventa años y una memoria de elefante.

Ante la puerta, vieja y descolorida, Ramón llamó varias veces, gritando: «¡Somos Ramón y Sonia!». Antonio Fuentes llevaba puesto un gorro de lana. Su barba, de varios días, era canosa. Ramón me presentó:

—Un escritor marroquí.

—¿Eres de Tánger? —preguntó en dialecto marroquí—. Está bien.

Se dirigió a Ramón y a Sonia, y añadió:

—Es un artista. Se lo veo en la cara. Tiene algo muy particular.

Y pensé que quizás era mi nariz aguileña lo que le había llamado la atención.

En ese momento se fijó en dos obreros que estaban encalando las paredes de la mezquita El Jame' El Jedid y les dio la bendición de *Allah* y su *baraka*. Saludaba en árabe dialectal a todos aquellos que pasaban: «¡Que *Allah* os ayude!». «Para los marroquíes, el trabajo es sagrado», nos explicó. «Para ellos, trabajar y rezar es lo mismo», añadió después.

Ramón le dio los dos panes envueltos en una bolsita de plástico. Antonio los examinó y dijo:

—Bueno, es pan al fin y al cabo. Pero no es el verdadero pan integral que conozco y que venden en el Zoco Grande. El problema es que es un poco más caro que el pan normal. Hay que saber dónde comprarlo.

Nos despedimos de él.

—Apenas sale de su casa —dijo Ramón—. Los chiquillos y los vecinos del barrio se encargan de traerle todo lo que necesita. Le horroriza la limpieza. En sus muebles amontonados y cubiertos de polvo han anidado las ratas. En algunos lienzos empieza a hacer mella la humedad. Un día, el cónsul español Pablo Bravo y su mujer Sonsoles lo visitaron y le propusieron rehabilitar y pintar las paredes de las habitaciones. Les dijo, como si le fueran a quitar algo: «Todo lo que veis seguirá en su sitio tal y como está. Es mi vida y estoy habituado a ella».

—He oído decir que es muy avaro y rico —le comenté a Ramón.

—Sabes lo que me dijo un día: «Las dos cosas más maravillosas que ha inventado el hombre son el arte y el dinero».

—¿A quién va a dejar su fortuna?

—Se dice que un banco tangerino se encargará de hacer algo de provecho con ella. ¿Con qué fin? Nadie sabe lo que ha dejado escrito en su testamento.[66]

—Paul Bowles hará lo mismo. Vivió pobre y morirá rico.

Algunas de las historias de Bowles están inspiradas por el entorno marroquí, basadas en el *Es'hur* (y no «tsehur», como escribe y pronuncia Bowles). *Assihr*[67] es una especie de magia basada en el *ta'zim*,[68] que son conjuros escritos sobre un trozo de papel, un huevo o un objeto cualquiera. Se basa también en *ettoukal*[69] (y no «tsoukil», como escribe y pronuncia Bowles), y se refiere a lo que se da de comer o beber a una persona con el fin de dominarla, desestabilizarla física y psíquicamente hasta conseguir someterla, dejarla paralizada parcial o totalmente dependiendo de la dosis. Estas prácticas pueden causar la muerte, como ocurre en *El viento en Beni Midar*, o amnesia, como en *El jardín*.[70]

La magia mediante conjuros sobre papel u otros objetos la practican los hombres que han estudiado en una escuela coránica. La gente, por ignorancia, los llama *fuqaha'*.[71] *Ettoukal* es una práctica propia de mujeres analfabetas. Se dice que los judíos y sus discípulos bereberes son los más eficaces a la hora de practicar este tipo de magia. De cualquier manera, estas historias «embrujadas» de Paul están inspiradas en la cultura tradicional marroquí. Son historias conocidas, pero cuando se cuentan en una reunión de fumadores de kif y de consumidores de *majoun*, tienen un efecto fascinante sobre la imaginación.

El *majoun* no está presente en los cuentos de Bowles, salvo en su terrorífico *Allal*, quizás por el fuerte y diabólico efecto de esta droga, como se demuestra en *Déjala que caiga*, o quizás porque su preparación exige una gran habilidad y ser meticuloso. Además el precio del *majoun* no está al alcance de todo el mundo. No es como el kif. El *majoun* está considerado como una droga de lujo, y los personajes marroquíes de las obras de Bowles son, en su mayoría, pobres.

La brujería, el kif y el *majoun* incitan a la astucia, la traición, el fraude, la venganza y el terror, como en los dos cuentos *Un amigo del mundo* y *Al Faqih*. En *Madame y Ahmed*, una frase pronunciada por el protagonista resume de alguna manera el *leitmotiv* de todos estos cuentos. «Madame, hoy día todo el mundo se dedica al fraude. Todo el mundo». El fraude, el miedo, la falta de confianza, la desesperación y el crimen son temas recurrentes en la mayoría de los escritos de Bowles.

En alguno de sus cuentos marroquíes y en sus recuerdos, descubrimos a un Bowles fascinado, de manera mística, por la voz del almuédano. Opina que hoy en día el uso de altavoz resta belleza a la llamada a la oración, así como humildad y dulzura. Podemos estar de acuerdo con esta observación. Sin embargo, ¿a qué fuente de la teología musulmana ha recurrido para emitir su juicio sobre la mujer en el islam, tal y como aparece en su cuento *Una merienda en la montaña*? A continuación, cito un extracto del mismo:

«A medida que el día avanzaba, un silencio absoluto se había adueñado del pueblo. Escuchó, a lo lejos, una voz melodiosa y miró a Mjid:

—¿Es la llamada a la oración? ¿Y se oye desde aquí?

—Claro, Marshan no queda tan lejos. ¿Qué sentido tiene poseer una casa en el campo si no podemos oír al almuédano? Sería como vivir en medio del Sáhara.

—¡Calla! Déjame escuchar.

—Bonita voz, ¿verdad? Los almuédanos tienen las voces más potentes que existen.

—Me entristece.

—Porque no tienes la fe que hay que tener.

Tras un minuto de reflexión, contestó:

—Supongo que tienes razón.

Ella estuvo a punto de añadir: "Pero según tu fe, las mujeres no tenemos alma".»

Paul Bowles me hizo un día partícipe del sentimiento doloroso que se apodera de él al pensar que los marroquíes no le consideran residente, sino un turista que alargó su estancia en Tánger.

Cuando su chófer Abdel Wahid le entrega el correo, lo primero que hace Bowles es buscar, sin bajarse siquiera del coche, si hay alguna carta con un cheque dentro. «Ya no tengo familia. Todos los que conocía han muerto. Por suerte, este hecho me impide ir a los Estados Unidos. Estoy en manos del destino.»[72] Si Bowles es tan reticente en volver a los Estados Unidos es por miedo a que las autoridades le retiren el pasaporte por su pasado comunista. Sin embargo, hoy día, con su enfermedad, su edad, su status de *Sphinx* imponente y su fama internacional, ya no tiene nada que temer. Pero, aun así, dijo a James Leo Herlihy en una carta enviada desde Tánger el 17 de febrero de 1966: «Es normal que esconda mi odio por América».

Con el paso del tiempo, y a medida que Bowles adaptaba las historias contadas en árabe dialectal, su estilo cambió de rumbo. Podemos observarlo en todas estas novelas que llamaremos «marroquíes». Algunos de los amigos marroquíes de Mrabet (que saben inglés) oyeron las grabaciones y las compararon con las traducciones de Bowles, y aseguraron que no fue demasiado fiel. Esto cabreó a Mrabet. Y lo más extraño, es que Bowles acabaría destruyendo todas estas grabaciones.

Lo que pasó es que Bowles creyó poder «retocar» fácilmente las historias «contadas» por Mrabet. Olvidó que contar, es ante todo un estilo y no una simple narración oral, no literaria.

Jane no apoyaba el nuevo trabajo de Paul, porque prefería que escribiera sus propios libros, que siguiera siendo escritor y dejara de transcribir lo que un puñado de ingenuos le dictaban.

Por la tarde, me he encontrado con Guillermo Carlos, un «místico» que ha recorrido medio mundo. Mientras tomamos un trago en el Negresco, me dijo:

—Existen todavía pueblos que viven en un estado de absoluta inocencia. La parte más auténtica de Marruecos posee esta virtud, pero le falta un espejo propio, para así no verse desfigurado en espejos ajenos. Le falta tomar conciencia de sí mismo. Fascinado y cegado por la técnica moderna, el país ha acabado perdiendo su punto de referencia. Hoy día, la cultura se ha universalizado, y Marruecos tiene que desempeñar un papel en este contexto: transmitir la inocencia humana y reivindicarla como suya.

No he vuelto a ver a Guillermo. Estará en alguna cueva, retirado del mundo.

Bowles, lo haya hecho adrede o no, se parece al protagonista de su relato *Si yo abriera la boca*: «Los coches circulan a una cierta distancia del sitio donde me encuentro, tumbado bajo los árboles. El tiempo —intemporal—. Sé que hay, tras estos árboles, calles llenas de gente, pero jamás podría alcanzar a tocarles. Si abriera la boca para gritar, ningún sonido saldría de ella. Incluso si alargase los brazos hacia algún viandante que pasase cerca, no serviría de nada, porque soy invisible. Ésta es la terrible e insoportable contradicción: estar aquí y saber sin embargo que no lo estás, porque para *estar* no es suficiente con que existas para ti: es absolutamente necesario que los demás constaten tu existencia. Me digo que, en alguna parte de esta ciudad, Mrs. Crawford piensa en mí».

Paul explica que, en sus comienzos como escritor, ya era conocido por ser compositor y crítico musical en *Herald Tribune*: «Había leído algunos tratados de etnografía, y poco a poco quise inventar mis propios mitos, adoptando el punto de vista de una mente primitiva. Para llegar a lograrlo, tan sólo me serví de la vieja aunque eficaz técnica surrealista, aquella que consiste en dejar que la pluma corra sobre el papel, prohibiéndole a la consciencia que intervenga. En un principio, este experimento dio lugar a mitos relacionados con los animales, y luego a cuentos en los cuales los animales estaban disfrazados de seres humanos.

»Era un domingo lluvioso, me desperté tarde. Preparé un termo lleno de café y me puse a escribir otra historia mítica. Como nadie me molestaba, pude escribirla de principio a fin sin detenerme. La leí y la titulé *El escorpión*; me pareció lo suficientemente buena como para enseñársela a otras personas. Cuando *View* la publicó, recibí elogios que me incitaron a continuar por el mismo camino. Estos mitos "primitivos" pronto fueron contemporáneos, pero el comportamiento de los protagonistas y sus objetivos permanecían intactos, tal y como aparecían en el bestiario. Accedí inesperadamente al mundo literario por esta pequeña puerta. Hacía tiempo que había llegado a la conclusión de que el mundo era demasiado complejo como para volver a escribir obras de ficción. Como mis tentativas de comprender la existencia fueron en vano, me creía incapaz de encontrar puntos en común con algún lector. Había vendido dos o tres cuentos al Harper's Bazaar, pero cuando *Partisan Review* aceptó publicar *A Distant Episode*, me invadió una enorme alegría: me confirmó que podía volver a escribir obras de ficción».

Paul Bowles cree que la vida sólo debería pertenecer a gente que piensa como él; la considera un regalo que hay que ganarse a pulso.

3 DE MAYO DE 1994

A eso de las nueve de la noche, Pedro me ha acompañado a casa de Paul. Llegamos cuando ya había terminado de cenar.

—¿Cómo está usted, señor Bowles?
—Aquí estoy, solo.
—Bueno, en la soledad el hombre puede elegir entre ser un genio o un idiota.

Y, riéndose con dificultad, me contesta:
—¿Y por qué no las dos cosas a la vez?

8 DE MAYO DE 1994

Esta mañana, Paul viajará a Atlanta vía París para operarse de un tumor cancerígeno que tiene en la nariz. Pienso: al fin y al cabo todos temen a la muerte menos mi perro Juba.

16 DE SEPTIEMBRE DE 1994

Natalia, una amiga que volvía de Dakar, me contó que había leído en alguna parte que «cuando llegas a África, ardes en deseos de escribir un libro entero sobre ella; al cabo de unos meses, te conformas con un simple artículo; y después de un año no deseas escribir nada».

Eisenhower se dirigió en cierta ocasión al pueblo americano diciendo: «Todo va a mejor en el mejor de los mundos».

Jane pensaba que abandonaría la escritura si no llegaba a terminar su libro, pero ¿de qué libro hablaba? No era más que una ilusión. Llegó a convencerse de poder realizar algo que no existía. Tenía talento y habilidad, pero le faltaban predisposición, disciplina y voluntad. Paul, en cambio, no construía castillos en el aire, como sí hacía Truman Capote, que planificó su carrera literaria de manera minuciosa, sabiendo de antemano qué escribiría en un futuro y cuánto tiempo debía dedicar a cada proyecto. Paul escribía de una sentada, y raramente lo revisaba. Al menos es lo que siempre ha pretendido. Jack Kerouac, en lo referente a sus escritos, era de la misma opinión,[73] aunque su editor, Malcolm Cowley, lo desmiente, afirmando que revisaba mucho a fin de lograr un texto perfecto. Es como si las correcciones hicieran perder al texto esa espontaneidad que tanto gusta a Kerouac y Bowles.

En sus trabajos, Paul evita en la medida de lo posible la presencia del narrador en primera persona, y dice al respecto: «No quiero estar presente en ninguno de mis trabajos. Me he quedado siempre al margen, exceptuando tres o cuatro libros que escribo en forma de monólogo, o de cartas. En éstos no había manera de quedarse al margen». De este modo, Bowles asegura que el autor no debe mezclar su vida privada y sus obras. «Si la vida de un autor tiene demasiado peso en el texto, quiere decir que su literatura carece de importancia. La vida personal es un asunto privado y no concierne a nadie más que a uno mismo. Mi pasado no significa nada para mí. Estuvo cargado de significado mientras lo vivía, pero no tiene ningún interés en estos momentos, ni siquiera para mí.»

Hoy como ayer, Tánger sigue siendo objeto de las ambiciones de muchos soñadores. Paul Bowles es un claro representante de estos románticos. Un japonés no considera que el suicidio sea una derrota, al contrario; es una forma de triunfar. Pero Paul no quiere «triunfar»;

él se retira, física y moralmente, de la batalla al escribir: «Sólo me queda esperar la muerte. Espero morir en Tánger. Eso seguro.» «Pasará lo que tenga que pasar.» «*Man muss nur sterben* (El ser humano está destinado a morir)», que es lo que piensa Daisy[74] en su monólogo.

Antes de morir, Anteo se enfrentó a Hércules. Paul, en cambio, se ha rendido ante el destino y sólo espera una muerte placentera, digna de un escritor como él.

Aunque Jane Bowles quiso a la gente, pocos la correspondieron debido a su carácter. Ella nunca dio la espalda, y tampoco se rebajó ante nadie. Para ella, aparte de los locos reconocidos, todo el mundo está cuerdo. ¿Pero cuánta cordura la rodeó? ¿Los lazos que la unieron a la gente fueron lazos sólidos? ¿Tuvo verdaderas amistades o eran personas de las que se compadecía? No llegó a conectar realmente con la gente. Todo lo que amaba de corazón se le escapaba, o incluso ella misma lo alejaba para así justificar su desamor. No debemos olvidar que pertenecer a otra cultura era un factor fundamental en su falta de conexión con la mayoría de los marroquíes que se acercaban a ella.

Jane llegó a Tánger creyendo que aquí encontraría el amor verdadero, desinteresado y, sin embargo, se encontró con que su afecto estaba siendo objeto de transacción. Jane quiere lo inalcanzable, lo prohibido, lo desconocido. Prefiere el laberinto al camino alumbrado. Jane comparte con Paul esa mezcla de budismo y nihilismo: el sufrimiento, el abandono y, finalmente, la nada.

En 1968, Jane alcanzó su máximo grado de bloqueo en su expresión literaria. Según amigos de la pareja y críticos, Paul se vio afectado por la enfermedad de Jane, disminuyendo su rendimiento creativo. Empezó a dedicar gran parte de su tiempo a transcribir, que no a traducir, lo que le contaba Mrabet, ayudándose de la grabación en árabe dialectal y del español. A Jane no le gustaba el nuevo trabajo de Paul, al que dedicaba casi todo su tiempo. Ella prefería que escribiese sus propias obras.

Fue Lamartine, si no me equivoco, quien escribió: «Un solo ser os falta y todo queda despoblado». Paul se esperaba este triste final para Jane, incluso puede que lo intuyese así desde que se conocieron. Sus destinos estaban unidos, no podían vivir el uno sin el otro, como les ocurre a Kit y Port en *El cielo protector*. Paul no se arrepiente de haber vivido con Jane, pero no esperaba aquella terrible enfermedad. Ella fue su estímulo, una inspiración alimentada por las diferencias entre ambos: ella, tan espontánea, y él, tan constante y minucioso en su vida.

He conocido a Paul durante más de un cuarto de siglo y creo que puedo afirmar que no prestaba demasiada importancia a su propia producción literaria ni tampoco a la de los demás. Lo esencial para él es la calidad, sin importar quién esté detrás. Ésta ha sido siempre su máxima. Pocas veces me he encontrado con un creador, sea de la talla que sea, que renuncie con tanta modestia a ensalzar su ego. Ésta es una de sus virtudes. Dejó incluso que los demás se alimentasen de su mito, que día tras día no dejaba de crecer. Bowles sólo tenía que cuidar ese mito, enriquecerlo con sus contradicciones camaleónicas para no defraudar la idolatría que le profesaban sus admiradores.

Paul escribía para luchar contra la futilidad de la vida cotidiana, a su alrededor y en el resto del mundo, «para que no muramos como animales», como afirma Hemingway. Tiene su lógica, pero ¿qué cabe pensar de esa mujer que nos muestra su trasero para enseñarnos la imagen del mundo? ¿Será su sucio trasero una simple provocación? Personalmente, creo que es su particular manera de luchar contra viento y marea. De eso le vale ese gesto, cuya motivación verdadera nunca conoceremos. El viento que arrasa con todo lo que encuentra a su paso, la marea que aparece de forma repentina. Elementos que no entienden lo que es el perdón. Por muy notable que sea la huella que dejamos atrás, nunca será proporcional a la polémica que levantamos. Entonces, ¿a quién se atribuye el mérito de la inmortalidad? ¿Es realmente inmortal quien creó la inmortalidad?

Hoy día, Bowles continúa quejándose de todos los cambios que Tánger ha sufrido (así como otras partes del mundo, sin importar lo lejos que estén). En su opinión, tan sólo el *chergui* (el viento del este) sigue siendo el mismo. Y no está del todo equivocado. La mayoría de los tangerinos están recluidos en sus pequeños pisos, después de haber vendido sus mejores tierras a precios irrisorios. El *chergui*, en cambio, continúa soplando cada año durante dos interminables meses. Isaac Laredo escribió en *Memorias de un viejo tangerino*: «En realidad, sólo el aire y el viento han permanecido intactos en Tánger. Con el estallido de una actividad económica frenética poco antes de 1939, que continuó hasta las revueltas de 1952, todo cambió. [...] Lo mismo ocurre en la Kasbah, donde tan sólo una callejuela sobrevive milagrosamente a estas transformaciones. A los musulmanes de Tánger, como a todos los pueblos del mundo, les apasiona la construcción y la remodelación».

Aunque Paul Bowles amó Marruecos, sobre todo aquel que conoció en 1931, año de su primera visita, nunca quiso a los marroquíes. Entonces, ¿cómo quiere que ellos se tomen las molestias de quererlo a él? A pesar de todo, se empeña en quedarse en este país. Lo confirmó en una carta dirigida a James Leo Herlihy el 4 de noviembre de 1972: «Pero de alguna manera, no me veo atravesando el Atlántico. No lo haría a menos que me expulsasen de Marruecos (a decir verdad no me gustan los Estados Unidos, pero no se lo digas a nadie)». Bowles comparte aquí la opinión de Henry Miller cuando dice: «Pero, por otra parte, volver a Nueva York me daba un poco de miedo. Aquella ciudad de la que me conocía todas sus calles y en la que tenía tantos amigos, se ha convertido en el último lugar sobre la faz de la tierra al que querría volver. Prefiero morir a verme obligado a pasar el resto de mi vida en mi ciudad natal».

En *Días y viajes*, Bowles escribe: «Estos frustrados árabes están convencidos de que los occidentales sólo vienen a Marruecos para burlarse de las tradiciones y las costumbres de un país subdesarrollado». Esta idea la repetía Bowles a menudo. Ahora apenas habla. Paul Balta, en cambio, dice: «Antes los occidentales calificaban a los árabes de valientes y de nobles; hoy día son unos vagos, unos estafadores, rudos y malvados...».

El problema de Paul Bowles es que, a pesar de haber viajado tanto, no distingue demasiado bien entre el pasado y el presente en la vida de los países y sus pueblos. El futuro no existe para él. En otras palabras, prefiere vivir en un mundo primitivo pero desarrollado. ¿Cómo puede ser esto? Bowles no sabría contestarlo aunque fuese él mismo quien se hiciese la pregunta.

Esa misma confusión generada por el choque de lo salvaje y lo civilizado fue plasmada por D. H. Lawrence en la mayoría de sus libros, pero se desengañó cuando vivió en México, donde escribió la más importante de sus obras: *La serpiente emplumada*. Aldous Huxley, que planteó el mismo conflicto en *Brave New World*, corrió la misma suerte. Paul Bowles, por su parte, reflejó en la mayoría de sus escritos una añoranza excesiva por la época colonialista de Marruecos.

LA MAÑANA DEL 11 DE JULIO DE 1995

Me encontré a Mrabet frente al banco Hispanomarroquí. Parecía estar esperando a alguien, puede que a sí mismo. Su salud parecía deteriorada. Ha envejecido de mala manera. Intercambiamos algunas palabras sobre lo flojo que había sido el turismo en Tánger aquel verano, también sobre la falta del agua. La gente empezaba a referirse al agua como el «oro blanco» del futuro. Mrabet sonreía, pero sin entusiasmo.

21 DE AGOSTO DE 1995

Encarna me ha hecho una visita por la tarde. Venía de casa de Mrabet, que lleva más de un año sufriendo un cáncer de estómago. Está pensando en vender su finca para operarse en España o Alemania. Cuando Encarna le comentó a Mrabet que vendría a verme, le pidió que me diera el siguiente recado: «Dile que me estoy muriendo poco a poco. Es el *maktub*. Está escrito».

23 DE AGOSTO DE 1995

Encarna visitó esta tarde a Bowles, que sigue fumando cigarrillos de tabaco negro con kif. Cuando ella le comunicó el avanzado cáncer de estómago de Mrabet, él le dijo:

—No ha vuelto a visitarme. No sé nada de él y no conozco a nadie que me facilite noticias suyas. Sé que va a sufrir mucho porque siempre le dio gran importancia a su aspecto físico.

11 DE NOVIEMBRE DE 1995

Pedro ha acompañado a Mrabet a casa de Paul a fin de pedirle ayuda para poder costearse la intervención quirúrgica en Alemania. En un principio, aceptó pagar los gastos, pero cuando Mrabet se marchó, Paul le dijo a Pedro:

—Siempre tengo miedo de que los marroquíes se den cuenta de que sé que me mienten. Jane me lo dijo un día, y tenía razón.

Fue a partir de 1950 cuando Jane empezó a sentirse incapaz de enfrentarse a un folio en blanco. A finales de enero de ese mismo año, envió una carta a Paul desde París en la que decía: «Creo que abandonaré la escritura si no consigo llegar más lejos... No puedo continuar dudando por más tiempo».

A Paul, en cambio, nunca se le pasó por la cabeza dejar de escribir. El diario francés *Libération* publicó en un número especial (marzo de 1985) un reportaje en el que planteó la misma pregunta a diferentes escritores, entre ellos Bowles: «¿Por qué escribes?». Bowles contestó: «Escribo porque estoy todavía en el mundo de los vivos». Pero hay otra pregunta que nadie le ha hecho aún: «¿Habría llegado a ser escritor, en el más amplio sentido de la palabra, de no haber vivido en Tánger, como le ocurrió a Lawrence Durrell con Alejandría?».

Paul asegura que no pertenece a ninguna patria. Así se lo manifestó a Ammar Al Joundi en la revista *Al Wasat* (marzo 1992): «No soy ni americano ni marroquí. En esta tierra, no soy más que un turista. Para ser considerado marroquí y pertenecer a su universo tienes que ser musulmán». Peter Owen, sin embargo, opina que «Paul Bowles conoce Marruecos mejor que los propios marroquíes».

En una carta dirigida a Charles Henri Ford el 19 de febrero de 1947, Paul justifica su permanencia en Tánger: «Llevo algunos meses viviendo aquí y aún no he hecho nuevas amistades. Creo que se debe a que no tengo la sensación de estar realmente en Tánger. La ciudad ha sufrido un terrible cambio e intento no imaginar cómo era antes. Hay algo de lo que fue Tánger que ha desaparecido, justo aquello que yo viví. No sirve de nada ir en busca de un pasado del que no queda ninguna huella, ningún vestigio. Estoy convencido de que siempre me sentiré mejor en un sitio que pise por primera vez y del que no tenga demasiadas referencias. No hay forma de reconocer un lugar, porque, más o menos cambiado, ya no es el mismo de antes. ¿No es cierto? Y que no sea el mismo de antes quiere decir que ya no existe. Cada vez que visitamos un sitio por segunda vez, tenemos la sensación de que ha perdido el encanto que tenía cuando lo conocimos. Cuando volví a Tánger no tenía pensado quedarme pero, por alguna razón, lo hice. Quizás fuese la posibilidad de conseguir aquí todo aquello que deseo, o porque la vida es más barata. Además, viajar es realmente complicado: hay que pedir visados para la zona de Marruecos ocupada por los españoles, hay que renovar visados para la parte de Marruecos ocupada por los franceses, hay gente con malas intenciones en los trenes... Aparte de que ya no me quedan fuerzas para hacer las maletas y marcharme a otro lugar [...]».

En la entrada de *The Tangier Diaries* que John Hopkins dedica al 7 de febrero de 1964, podemos leer lo siguiente: «Ayer me dijo Paul Bowles que no estaba interesado en los personajes de ficción de carne y hueso, sino que se decantaba por aquellos que personifican las ideas, etc. Como a Camus, las situaciones y las ideas le interesan más que las propias personas».

Y en otra entrada del 23 de agosto de 1964: «Irving Rosenthal entró en casa de Paul y, de repente, se puso a gritar, y se fue a un rincón tapándose los ojos con las manos. Paul le preguntó:

—¿Qué te pasa?
—¿Qué es esa cosa de ahí?
—Es un loro.
—Nunca había visto uno. ¡Aléjalo de mi vista!
—Sé que se siente culpable pero no estoy seguro por qué —afirma Ira Cohen.
—Emprendió una acción judicial contra su madre porque era judía —dijo Norman Glass.
Éste es el tipo de locos que podemos encontrar en casa de Paul».

A Paul, el sexo le parecía confuso y aterrador. No le ha prestado nunca demasiada atención, porque siempre lo ha relacionado con la inmoralidad. No hay que olvidar que ha heredado las tradiciones más puritanas de Nueva Inglaterra. En una carta enviada a Charles Henri Ford el 19 de noviembre de 1947 desde Tánger, escribió: «Ya que preguntas por la vida sexual en Tánger, tengo la impresión de que ha cambiado por completo, aunque no la conocí de cerca ni siquiera cuando era joven».

En *Memorias de un nómada*, Paul recuerda: «Una noche, cuando tenía diecinueve años, me sorprendí tirándole un cuchillo de trinchar a mi padre. Me fui de casa tan rápido que rompí el cristal de la puerta principal. Eché a correr bajo la lluvia. No había recorrido ni tres manzanas cuando mi padre me alcanzó con su coche.

Aparcó y me siguió a pie, gritando: "Quiero hablar contigo. ¡Piensa en tu madre! No ha sido idea mía perseguirte"».

Tras este suceso, Paul Bowles debió haber aprendido que el hombre, a la hora de la verdad, es capaz de enfrentarse a lo más sagrado pese a que sepa de antemano que perderá el combate. Sin embargo, Paul no era capaz de desafiar a aquellos que le negaron su precoz talento.

Cuando llegó a París el 10 de abril de 1931, Bowles fue a visitar a la autoritaria Gertrude Stein. Ella protegía y aconsejaba a todos los creadores americanos que se encontraban fuera de su país. Él pasó a formar parte de esa lista cuando viajó a Marruecos y se instaló definitivamente allí. Una noche, le enseñó a Stein los poemas que había escrito a la manera de los surrealistas. Cuando terminó con la lectura prudente de los versos, ella emitió su veredicto: «Bien, el problema principal es que todo eso no es poesía».

Gertrude Stein no reconoció en Paul ningún talento para la poesía, y vaticinó su fracaso. Aun así, el testarudo Bowles siguió escribiendo poemas, aunque se dedicaba a resumir en este género los temas que trataba en sus novelas y cuentos. Su prosa, sin embargo, no llegó a sufrir ningún cambio, no trato de poetizarla para compensar lo que no pudo lograr en el terreno de la poesía.

Paul quería demostrarse a sí mismo que podía ser poeta. Una ambición que se le escapó y que a sus ochenta y seis años aún sigue soñando. Estuvo obsesionado hasta los años setenta con escribir poesía, aunque fuese de cuando en cuando.[75] Quiso apostar por algo en lo que se sabía perdedor de antemano. En este sentido, Stravinski decía: «Los demás siguen siendo románticos; yo soy romántico».

«Eres un salvaje nato», le dijo un día Gertrude Stein. Luchó toda su vida, a través de sus escritos, para no convertirse en el producto de su padre y de todo lo que escribían los demás sobre él.

Sabía cómo vencer las dificultades económicas. Tenía sus propios medios. Según su amigo Virgil Thomson: «Con sus maneras afeminadas conseguía dinero y amigos. Pero a decir verdad, la apariencia física no le interesó nunca». Édouard Roditi cuenta que «físicamente, Paul Bowles tenía un gran éxito en los clubs más famosos de París. Aunque manifestaba siempre un aire de rechazo. A él no le importa el físico, sino la inteligencia».

Partiendo de esta premisa, tenemos que llegar a la conclusión de que, a los veinte años, Paul Bowles vivió un rechazo total hacia el sexo. Hubiera preferido que no existiese. No obstante, Paul no rechaza las relaciones heterosexuales, las encuentra más aceptables que las homosexuales. Pero ¿ha llegado a tener relaciones con mujeres en su vida? Aquí se hace patente esa educación puritana que recibió Paul en Nueva Inglaterra. No pudo deshacerse de ella, ni en su vida personal ni en la de los personajes de aquellas historias que ubicó en Norteamérica. El sexo sigue siendo su gran enemigo, el que causa los malentendidos y la mayoría de las desgracias entre los protagonistas de sus libros.

Paul tuvo oportunidad de librarse de su frustración sexual, en muchas capitales del mundo, pero no pudo extirpar algo que tenía profundamente arraigado. A Bowles le seduce el mundo del sexo, pero su lado más perverso, y sin ser partícipe activo de él. Se conformaba con observar de lejos, ser un *voyeur*. Eso le bastaba para estimular su apetito sexual, sin el miedo de siempre a ser violado. Ese placer sexual era comparable con el intento de atrapar con la mano un pez en el agua, y se transformó en esa especie de sadismo que Bowles proyectó en los personajes de sus libros, como hizo Gustave Flaubert en *Salambó*.

Paul se ha aislado siempre de la realidad más tangible con un espeso velo, pero ¿acaso esa espesura puede resistir ante la fragilidad de la vida? El fatalismo en el que se escudó en otro tiempo ya no le sirve de nada. Se rindió. Esa vida en la que no creyó, acabó por vencerle. Cuando escribió *El cielo protector*, su primera novela, entre 1947 y 1948 en Bab Al Hadid, Fez, seguramente no esperaba que su vejez se iría apoderando poco a poco de él, con enfermedades como la ciática y el cáncer de piel en su cara. Además, Tánger le resulta cada vez más extraño en sus recuerdos. Terminaré por morirme sin llegar a descubrir el secreto de Tánger.

Antes, los lectores no se sentían atraídos por la obra de Paul Bowles, pero cada vez son más las personas que lo siguen. Este fervor que despiertan su vida y su obra puede entenderse como un reconocimiento a su persona, porque se adaptó al gusto de su tiempo. Bowles creó su enigma: su mito. No es pecado que el hombre construya su propio mito, pero sólo los genios son capaces de hacerlo. ¿Se hará realidad la promesa del Fénix?

Es mediodía. He vuelto a casa. Cerca del Lycée Regnault, he visto a Mekki. Él tampoco se esperaba que le alcanzara la locura. Era un chico muy inteligente. Preparaba sus exámenes de bachillerato con el objetivo de continuar sus estudios en Inglaterra. Pero hoy, su mutismo, su vida errante y algunos cigarrillos o en su defecto colillas le son suficientes. Aunque no pide limosna, le he dado unas monedas, como suelo hacer siempre que lo veo. Mientras aplastaba piojos con sus dedos, flacos y negros como el tizón, me ha dicho:

—Algún día podrías ayudarme a acabar con estos piojos que no se separan de mí.

—A mí me acompañaron durante mucho tiempo, y acabé con muchísimos. Perdona que no te eche una mano.

—Los piojos de ahora son más feroces que los de antes.

—Ya lo sé. Están más hambrientos y se multiplican más rápido.

Mekki me ha mirado sonriendo antes de alejarme.

Más adelante, me he cruzado con Mucho. Se ganaba la vida como estibador en el puerto. Una mañana, tras haber descargado tres o cuatro sacos, se volvió loco de repente y le despidieron. Era el loco más fornido de todo Tánger. Quien se atrevía a molestarle recibía un buen puñetazo y terminaba besando el suelo. Hoy ya está viejo, y sus fuerzas se marcharon con su juventud. Me ha tendido la mano como siempre:

—¡Dame una moneda, joven!

—¿Qué has comido hoy?

—He comido mierda y he bebido sangre.

Arrastrando su medio zapato, se ha alejado.

Antes era yo quien perseguía a los locos allá donde iban; hoy las cosas han cambiado: son ellos los que me persiguen a mí, los atraigo. ¡Querrán que los lidere para indicarles el camino hacia una locura aún más profunda!

Otro loco fue mi alumno hace más de treinta años. Conoce a la perfección el mapa de todos mis movimientos. Cuando no me localiza en los bares, lo encuentro esperándome en la puerta de casa para que le dé cinco dírhams. Una vez me dijo:

—Maestro, fuiste injusto conmigo.

—¿Por qué?

—Cuando era alumno tuyo, me cogiste un libro que tenía la foto de una ardilla, y todavía no me lo has devuelto.

—Entonces te compraré un libro con fotos de ardillas y de otros animales.

—¡Imposible!

—¿Por qué?

—Porque esa ardilla era maravillosa, única.

—Pero todas las ardillas se parecen.

—Rotundamente falso. ¿Acaso los seres humanos son todos iguales?

—No.

—Pues así era mi ardilla. Sólo se parecía a sí misma.

—¿Y qué hacemos ahora?

—Que Dios te perdone, pero fuiste injusto conmigo y con mi ardilla.

Me miró con tristeza mientras se alejaba. Después se paró delante del Café Roxy, me echó una última mirada enigmática y desapareció al doblar la esquina. Yo también opté por esfumarme de allí antes de que apareciese otro loco.

En *Palabras ingratas*, Bowles escribe dirigiéndose a sí mismo: «¿Quizás te acuerdas (es poco probable, ya que nunca abres un libro escrito en esta época) de una frase pronunciada en *La náusea*: "Me sobrevivo". Pues bien, ese sentimiento es parecido al mío, aunque yo lo expresaría mejor así: "Mi vida es póstuma"». Escribe más adelante: «Ningún sueño sin un mínimo esfuerzo». Así pensaba Bowles en tiempos de agitación y grandes viajes. Ahora no hay pasión que le entusiasme. Ya nada puede ilusionarle. Sólo una preocupación: ¿cómo será el fin de su existencia? Desde que le operaron de la ciática, duerme bien pero se levanta con un dolor intenso, como una aguja que le atraviesa los huesos hasta la médula. ¡Cómo le gustaría dormir flotando en el aire! Otra tragedia le acecha: si cayera enfermo, se vería obligado a cambiar su habitación por la de un hospital, en Europa o Estados Unidos.

En una entrevista concedida a una cadena de televisión francesa, Paul declaró: «Más le vale a uno quedarse donde está. Todo ha cambiado demasiado, y no sólo en Marruecos sino en todas partes».

En 1951, Paul le envió una carta a Peggy Glanville-Hicks: «En el fondo de mi corazón deseo escaparme, sin importar adónde. El ser humano siente la necesidad de evadirse cuando no tiene una razón para permanecer en un lugar. Está claro que yo no tengo esa necesidad. Cuando me pongo a trabajar, no pienso en nada, y el deseo de evasión se vuelve menos apremiante. El trabajo, en este caso, es una terapia. Pero cuando uno siente que trabajar es la única manera de olvidarse de la vida, y que vive para trabajar, no puede dejar de considerarlo como algo un poco absurdo. Es como tomarte unas pastillas para facilitar la digestión. Tendría que haber un término medio entre los dos casos. ¿Pero cuál es? Nadie lo sabe».

En cuanto a Jane, solía evadirse con aquello de que «la vida es quemar preguntas». Sin embargo, viajar e irse bien lejos sin la compañía de nadie, era para ella un obstáculo difícil de franquear. Jane dudaba de todo. Necesitaba de alguien que la animara a tomar una decisión, agarrando su mano con ternura. De esta manera, se habría dejado conducir hasta el mismísimo infierno.

Jane sufrió una apoplejía la noche del 30 de abril de 1973, y permaneció en coma hasta el día de su muerte, el viernes 4 de mayo de 1973. Paul se quedó con ella hasta las siete de la tarde, y después regresó al hotel. A las nueve de la noche la enfermera jefa le telefoneó y le comunicó la muerte de Jane. Al día siguiente se celebró un funeral íntimo en la Iglesia del Sagrado Corazón.

El 11 de mayo, tras la muerte de Jane, Paul escribió desde Tánger una carta a Audrey Wood: «Ahora nada me retiene aquí, sólo la rutina. Puede ser que me quede en esta ciudad hasta que circunstancias externas me obliguen a marcharme. Cada vez que vuelvo a Estados Unidos, me convenzo de que es el último lugar de la tierra en el que me gustaría vivir».

Tánger, 11 de junio de 1996

NOTAS

* *Paul Bowles, el recluso de Tánger*, fue escrita sin seguir un orden temporal en los capítulos. En esta edición, y respetando con toda fidelidad el manuscrito original en árabe, optamos por ordenarlos cronológicamente para facilitar al lector una narración lineal. (N.d.T)

1. *La pequeña historia de Tánger: recuerdos, impresiones y anécdotas de una gran ciudad*, Gramades, Madrid, 1979. (N.d.T)

2. *Memorias de un viejo tangerino*, 1ª edición, Madrid, 1935. (N.d.T)

3. Se sabe que debido al miedo, Paul Bowles dejó de viajar en avión. Sin embargo, hoy día lo ha superado: su enfermedad y las entrevistas televisivas le han obligado, en cierto modo, a coger el avión a Francia, Estados Unidos y España. (N.d.A)

4. Su primera novela la editó John Lehmann en Londres, en 1949. (N.d.A)

5. *Tin ya*: es una expresión del dialecto marroquí que significa «llegó el barro». La paloma tenía restos de lodo en sus patas por lo que Noé habría gritado la famosa frase que más tarde daría nombre a la ciudad. (N.d.T)

6. Según Hemingway, era una mujer acaparadora y testaruda en sus opiniones, pero a veces acertaba en sus consejos. Bowles me contó que Gertrude Stein no deseaba que la visitara Ezra Pound, porque cada vez que iba a verla rompía todo lo que tocaba. Debido a sus cambios de humor, ella perdía a sus amigos uno tras otro. (N.d.A)

7. Todo un símbolo de Tánger. El legendario café fue construido en 1920 y está situado en la Place de France, frente al edificio y los jardines del consulado francés. Fue un punto de encuentro de una lista interminable de escritores amigos de Paul Bowles y de su mujer Jane. Además, el local tiene fama de haber sido un nido de espías durante la Segunda Guerra Mundial. (N.d.T)

8. *El Titán de Tánger: Paul Bowles, una leyenda* una película de Sebastian Hirt, Múnich, 1993. (N.d.T)

9. *The Hours After Noon* es el título original de la recopilación de cuentos publicada por Paul Bowles en 1959. (N.d.T)

10. *Dinner at Sir Nigel's* es el título original del cuento que forma parte de la obra *Palabras ingratas* de Paul Bowles. (N.d.T)

11. *El Titán de Tánger: Paul Bowles, una leyenda*. (N.d.A)

12. Mohamed Mrabet, cuyo nombre real es Mohamed Ben Chaib El Hajjem, nació en 1936 en el Rif. A pesar de no haber ido nunca a la escuela, es artista y narrador de cuentos marroquíes. En occidente es conocido gracias a su amistad con Paul Bowles, William Burroughs y Tennessee Williams. Bowles transcribió algunos de sus cuentos al inglés. (N.d.T)

13. *The Frozen Fields* es el título original del cuento de Paul Bowles que fue publicado en Nueva York por Harper's Bazaar en julio de 1957. (N.d.T)

14. Bowles recuerda en *Memorias de un nómada* que con apenas cuatro años su padre, Claude, le dijo: «Tu madre está muy enferma y todo por tu culpa, jovencito. No lo olvides». Su madre Rena para consolarle le dijo: «¡Oh cariño! Papá no quería decir eso. Verás, es que lo pasaste bastante mal para venir al mundo. Casi todos los bebés lo hacen de cabeza, pero tú lo hiciste al revés. Y además pesabas casi cuatro kilos». (N.d.T)

15. Extracto de la entrevista que le realizó en Tánger (29 de marzo de 1992) Andrés F. Rubio, corresponsal del diario *El País*. (N.d.A)

16. El grupo musical toma su nombre del pueblo Jajouka, situado en el borde de las montañas del Rif al norte de Marruecos. (N.d.T)

17. Paul Bowles pronunciaba mal las palabras más simples del árabe marroquí. (N.d.A)

18. En la primavera de ese mismo año, Burroughs mató a su esposa Joan. Durante una fiesta, le colocó en la cabeza una copa de champán y disparó. Erró el tiro y le dio en la cabeza. Burroughs y Joan ya habían practicado este juego con anterioridad. (N.d.A)

19. En el texto, Burroughs usa el término «árabe» para referirse a un «marroquí». (N.d.A)

20. Nació en Fez en 1931 y murió en Nueva York el 25 de diciembre de 1985. Fue pintor y narrador de cuentos marroquíes. Bowles tradujo sus cuentos del árabe dialectal al inglés. (N.d.T)

21. Paul Bowles me propuso este título en lugar de *Las hierbas de los muertos*. (N.d.A) Estos primeros cuentos están recogidos en la recopilación *El loco de las rosas*, editado en Cabaret Voltaire, 2015. (N.d.T)

22. Nació en Bagdad en 1944 y empezó su trayectoria literaria como traductor del inglés al árabe de las obras de los poetas negros. En 1970 se trasladó a Londres y en 1972 a París donde reside en la actualidad. (N.d.T)

23. *Una vida humillada*, título original en árabe. Paul Bowles publicó la obra en inglés en 1964. (N.d.A)

24. Seudónimo de Larbi Layachi. Bowles lo conoció en 1962 cuando trabajaba como portero en el Café de Merkala. Bowles tradujo algunos de sus relatos del árabe dialectal al inglés. (N.d.T)

25. Narrador de cuentos orales marroquíes. Algunos fueron traducidos al inglés por Paul Bowles. (N.d.T)

26. Generalmente, en los trabajos de Paul Bowles reina el terror, el sadismo y la violencia. (N.d.A)

27. Se refiere a Marrakech que recibe el nombre de «Roja» por el color de sus edificios. (N.d.T)

28. Mohamed Ben Ibrahim Ben Asserraj Al Merrakchi nació en Marrakech en 1897 y murió en 1955. Poeta marroquí conocido como «el poeta de la Roja». (N.d.T)

29. Taw Yuwanming nació a finales del siglo IV. Su filosofía se basa en el equilibrio de la vida, no en la revolución contra ella. (N.d.A)

30. Escritor inglés. Durante los años sesenta, vivió por temporadas en el norte de África, sobre todo en Tánger. Tradujo del francés *Viaje a Oriente* de Gérard de Nerval. (N.d.A)

31. Nació en Tánger el 31 de marzo de 1930. Artista, actor y diseñador de vestuario para el cine y el teatro. Ha colaborado con grandes nombres del cine mundial como David Lean (*Lawrence de Arabia*), Francis Ford Coppola (*El regreso del semental negro*) y Martin Scorsese (*La última tentación de Cristo*). (N.d.T)

32. Mohamed El Hamri nació en Ksar-El-Kebir el 27 de agosto de 1932 y murió el 29 de agosto de 2000. Pintor marroquí que se describió a sí mismo como «el pintor de Marruecos». (N.d.T)

33. Escritora estadounidense, autora de la biografía de Jane Bowles. También publicó una recopilación de sus cartas. (N.d.A)

34. En el original aparece en castellano. (N.d.T)

35. *Jean Genet in Tangier*. Traducción de Paul Bowles, Nueva York, The Ecco Press, 1974. Editado en Cabaret Voltaire, 2013. (N.d.T)

36. Nació en 1928 en Mrayen (Tánger), un pueblo cercano al cabo Espartel. Se dice que murió en 1989. (N.d.A)

37. Es una especie de sombrero grande que usa la mujer campesina para resguardarse del sol. (N.d.A)

38. Algunos piensan que la enfermedad de Jane fue resultado del *tewkal*, el veneno que Cherifa le fue poniendo paulatinamente en la comida. Éste le causó una parálisis que la acompañó hasta su muerte. Paul Bowles a petición de Jane, regaló a Cherifa su casa que da al mar en el barrio Amrah en la Kasbah. (N.d.A)

39. Obra de teatro de Jane Bowles que fue publicada en 1954. Con ayuda del Instituto del Libro en Málaga, la editorial Alfama ha editado la obra traducida por Carlos Pranger bajo el título *En el cenador*. (N.d.T)

40. En Tánger hay una zona que se denomina *djbel lkbir* «la montaña grande». Se trata de una zona residencial de alto nivel económico que se caracteriza por sus grandes casas y chalets. (N.d.T)

41. Plural de *gnawi*. Grupo étnico minoritario del norte de África, principalmente Marruecos. Su música es una mezcla de la subsahariana, árabe y bereber. La música de Gnawa ha traspasado las fronteras gracias al Festival Internacional que se celebra en Essaouira durante el mes de junio. (N.d.T)

42. Sustantivo árabe del verbo *radaha*, que significa bailar de manera violenta usando todos los miembros del cuerpo. (N.d.T)

43. Escritor, novelista, poeta y crítico literario egipcio de origen copto. Nació en Alejandría en 1926. (N.d.T)

44. Protagonista de la novela de Paul Bowles *Déjala que caiga*. Mata a su amigo Thami bajo los efectos del *majoun*. (N.d.A)

45. Barrio popular en Tetuán. (N.d.A)

46. Superlativo femenino que se refiere a la persona que consume mucho hachís. (N.d.T)

47. Se refiere a la multitud de gente. (N.d.A)

48. Se refiere al grupo musical. (N.d.A)

49. Barrio tangerino en la época colonial. (N.d.A)

50. Nació en Jorf El Melha Sidi Kacem en 1930 y murió en París en 1971. Pintor marroquí cuya obra está marcada por el deseo de hacer visible la luz a través del color. (N.d.T)

51. Nació en Boujad cerca de Jouribgha en 1934 y murió en Casablanca en 1967. Fue uno de los pintores marroquíes modernos después de la independencia del país. (N.d.T)

52. Nació en Tafraout en 1941 y murió en Rabat el 18 de noviembre de 1995. (N.d.T).

53. Tenemos que puntualizar que tras la independencia de Marruecos, Paul Bowles vivía en una habitación situada en Tánger y no en la medina. ¿Qué van a temer los marroquíes? ¿La guerra? Era su guerra, a pesar de que ya sabían en Occidente que estaba perdida. Sólo los tontos pensaron en una verdadera victoria, como lo que sucedió en la guerra de los Seis Días. Bowles delira y está muy lejos de la realidad. (N.d.A)

54. Abierto en 1950 fue el mejor salón de té de la época. El nombre se debió al expreso deseo de su marido ya que Madame Porte recibía en persona a los clientes. En la actualidad, del salón de té sólo queda el letrero de su fachada. (N.d.T)

55. Regentaron durante muchos años la Librairie des Colonnes de Tánger. (N.d.T)

56. Construida en 1927 por el cantante Antonio Sevilla fue una de las famosas tabernas de aquel entonces, una especie de pequeño club donde se reunían los artistas. (N.d.A)

57. Nombre de otra taberna, más pequeña que Cosmopolita fue construida por La Marquesa. (N.d.A)

58. Jil Jilala es el nombre completo del grupo musical fundado en 1973 en Marrakech. (N.d.T)

59. Mrabet es muy buen cocinero. (N.d.A)

60. Jane estaba enterrada en la parcela número 453F. En la tumba había una cruz de madera. En 1996, Alia Luque, una joven estudiante malagueña, intentó trasladar los restos de Jane para que no acabaran en una fosa común. Dos años más tarde, el Ayuntamiento de Málaga rehabilitó la tumba de la escritora. En la lápida reza la inscripción: «Málaga a Jane Bowles 1917-1973» y en la parte inferior se puede leer: «Cabeza de gardenia», calificativo acuñado por su amigo y escritor Truman Capote. (N.d.T)

61. Se refiere a Roberto de Hollanda, su agente literario. (N.d.T)

62. Joven escritor de Guatemala, residió varios años en Tánger. Tradujo algunas novelas de Paul Bowles al español. Asimismo, Bowles tradujo algunas de sus novelas al inglés. Es posible que ese joven heredara los derechos de autor de las obras de Bowles, tal y como me dijo R. quien está más al corriente de este rumor. (N.d.A)

63. Crítico y traductor marroquí. (N.d.T)

64. Publicada en 1990. En 1991 Damián Alou tradujo la obra al español: *Paul Bowles: El espectador invisible.* Ed. Anagrama. (N.d.T)

65. Hace referencia a la novela de Paul Bowles con el mismo título. (N.d.A)

66. Cuando murió en el verano de 1995, encontraron en su casa cuatro mil dírhams, dibujos y algunos lienzos. (N.d.A)

67. Magia que se usa para hacer daño a una persona. (N.d.T)

68. Una práctica que sirve para perjudicar a una persona o deshacer la magia. (N.d.T)

69. Del verbo *akala* (comer). Una especie de magia que utiliza la comida de la persona a la que se quiere perjudicar. (N.d.T)

70. Las dos novelas son de Bowles. (N.d.A)

71. Plural de *faqih* (hombre religioso). (N.d.T)

72. Del documental titulado: *Un americano en Tánger*, en referencia a Paul Bowles. (N.d.A)

73. Se comenta que escribió *The Dharma Bums,* su novela preferida, durante tres o cuatro semanas. (N.d.A)

74. Un personaje de su novela *Déjala que caiga.* (N.d.A)

75. Publicó dos recopilaciones de poemas: *The Ticket os Spring* (1971) y *Next to Nothing* (1981). (N.d.A)

ÍNDICE

PAUL BOWLES, EL RECLUSO DE TÁNGER

PRÓLOGO de Juan Goytisolo   11

TÁNGER EL MITO, ¿POR QUÉ?	23
LA LLEGADA DE PAUL BOWLES A TÁNGER	28
TÁNGER ENTRE DOS VOCES	46
WILLIAM BURROUGHS EN TÁNGER	54
MI ENCUENTRO CON BOWLES	59
UNAS PINCELADAS SOBRE JANE BOWLES	71
UN DOMINGO DE 1972	137
17 DE ENERO DE 1993	141
6 DE JUNIO DE 1993	144
22 DE JULIO DE 1993	148

6 DE AGOSTO DE 1993	159
28 DE OCTUBRE DE 1993	160
6 DE MARZO DE 1994	164
3 DE MAYO DE 1994	174
8 DE MAYO DE 1994	175
16 DE SEPTIEMBRE DE 1994	176
11 DE JULIO DE 1995	183
21 DE AGOSTO DE 1995	184
23 DE AGOSTO DE 1995	185
11 DE NOVIEMBRE DE 1995	186
NOTAS	199

TÍTULOS
CABARET VOLTAIRE

1. JEAN COCTEAU *Thomas el impostor*
2. JEAN LORRAIN *Monsieur de Bougrelon*
3. AGUSTÍN GÓMEZ ARCOS *El niño pan*
4. FRANCIS CARCO *Jesús el Palomo*
5. ROBERT DESNOS *¡La libertad o el amor!*
6. RENÉ CREVEL *¿Estáis locos?*
7. AGUSTÍN GÓMEZ ARCOS *El cordero carnívoro*
8. ÉMILE ZOLA *París*
9. ANDRÉ GIDE *Ferdinand* (il. Ricardo Fumanal)
10. STENDHAL *Recuerdos de egotismo*
11. MARGUERITE DURAS *El marinero de Gibraltar*
12. KLAUS MANN *La danza piadosa*
13. AGUSTÍN GÓMEZ ARCOS *Ana no*
14. HENRI DE RÉGNIER *Venecia*
15. ROBIN MAUGHAM *El sirviente*
16. JEAN COCTEAU *La gran separación* (il. Jean Cocteau)
17. ABDELÁ TAIA *Mi Marruecos*
18. ÉMILE ZOLA *Roma*
19. JOE ORTON *Diarios*
20. AGUSTÍN GÓMEZ ARCOS *La enmilagrada*
21. NICHOLAS MOSLEY *Accidente*
22. STEPHEN SPENDER *El templo*
23. GUSTAVE FLAUBERT *Egipto. Viaje a Oriente*

24. BRUCE ROBINSON *Las peculiares memorias de Thomas Penman*
—. Hors Série JEAN COCTEAU *El libro blanco* (il. Jean Cocteau)
25. ÉMILE ZOLA *Lourdes*
26. LAURE CHARPENTIER *Gigolá*
—. Hors Série HONORÉ DE BALZAC *Cuentos droláticos* (il. G. Doré)
27. RENÉ DAUMAL *La gran borrachera*
28. AGUSTÍN GÓMEZ ARCOS *Poesía*
29. LUIS ANTONIO DE VILLENA *Mártires de la belleza*
30. LUIS ANTONIO DE VILLENA *Fuera del mundo*
31. GUSTAVE FLAUBERT *Líbano-Palestina. Viaje a Oriente*
32. JEAN-BAPTISTE DEL AMO *Una educación libertina*
33. HENRI DE RÉGNIER *La altana o La vida veneciana*
34. RACHID BOUDJEDRA *El caracol obstinado*
35. AGUSTÍN GÓMEZ ARCOS *Escena de caza (furtiva)*
36. MOHAMED CHUKRI *Paul Bowles, el recluso de Tánger*
37. GUSTAVE FLAUBERT *Grecia-Italia. Viaje a Oriente*
38. PATRICK MODIANO *Barrio perdido*
39. MOHAMED CHUKRI *El pan a secas*
—. Hors Série JEAN COCTEAU *El Potomak* (il. Jean Cocteau)
40. PATRICK MODIANO *Un circo pasa*
41. LUIS ANTONIO DE VILLENA *André Gide*
42. MOHAMED CHUKRI *Jean Genet en Tánger*
43. JEAN-BAPTISTE DEL AMO *La sal*
44. MOHAMED CHUKRI *Tiempo de errores*
45. CRÉBILLON *La noche y el momento*
46. ABDELÁ TAIA *Infieles*
47. AGUSTÍN GÓMEZ ARCOS *María República*
48. LUIS ANTONIO DE VILLENA *Caravaggio*
49. LAURENT MAUVIGNIER *Lejos de ellos*
50. MOHAMED CHUKRI *Rostros, amores, maldiciones*

51. JEAN-BAPTISTE DEL AMO / ANTOINE D'AGATA *Pornographia*
52. FELICIDAD BLANC *Espejo de sombras*
53. MOHAMED CHUKRI *El loco de las rosas*
54. MAURICE SACHS *El sabbat*
55. MOHAMED MRABET *Amor por un puñado de pelos*
56. ANNIE ERNAUX *La mujer helada*
57. JEANNE RUCAR DE BUÑUEL *Memorias de una mujer sin piano*
58. MOHAMED CHUKRI *Zoco Chico*
59. FRANÇOIS-HENRI DÉSÉRABLE *Muestra mi cabeza al pueblo*
60. ANNIE ERNAUX *Memoria de chica*
61. MAURICE SACHS *La cacería*
62. LEILA SLIMANI *Canción dulce*
63. ANNIE ERNAUX *No he salido de mi noche*
64. MOHAMED CHUKRI *Tennessee Williams en Tánger*
65. FRANÇOIS-HENRI DÉSÉRABLE *Évariste*
66. JEAN-BAPTISTE DEL AMO *Reino animal*

PAUL BOWLES, EL RECLUSO
DE TÁNGER
DE MOHAMED CHUKRI

EDITORIAL CABARET VOLTAIRE
ESTA TERCERA EDICIÓN SE
TERMINÓ DE IMPRIMIR EN
OCTUBRE 2017 EN POLINYÀ
POR REINBOOK